Tamara Rachbauer

Etablierung eines Nachhilfeinstituts - Eine Praktikumsarb

Projektbericht für das Modul '12.1 Praxisprojekt'

GRIN - Verlag für akademische Texte

Der GRIN Verlag mit Sitz in München hat sich seit der Gründung im Jahr 1998 auf die Veröffentlichung akademischer Texte spezialisiert.

Die Verlagswebseite www.grin.com ist für Studenten, Hochschullehrer und andere Akademiker die ideale Plattform, ihre Fachtexte, Studienarbeiten, Abschlussarbeiten oder Dissertationen einem breiten Publikum zu präsentieren.

Dokument Nr. V87457 aus dem GRIN Verlagsprogramm

Tamara Rachbauer

Etablierung eines Nachhilfeinstituts - Eine Praktikumsarbeit

Projektbericht für das Modul '12.1 Praxisprojekt'

GRIN Verlag

Bibliografische Information der Deutschen Nationalbibliothek: Die Deutsche Bibliothek verzeichnet diese Publikation in der Deutschen Nationalbibliografie; detaillierte bibliografische Daten sind im Internet über http://dnb.d-nb.de/ abrufbar.

1. Auflage 2008

http://www.grin.com/
Druck und Bindung: Books on Demand GmbH, Norderstedt Germany
ISBN 978-3-638-94389-5

Etablierung eines Nachhilfeinstituts

Projektbericht für das Modul „12.1 Praxisprojekt"
Tamara Rachbauer, MI 100501
Letzte Änderung: Freitag, 18. Jänner 2008

Inhaltsverzeichnis

MD H
MEDIADESIGN HOCHSCHULE FÜR DESIGN UND INFORMATIK
UNIVERSITY OF APPLIED SCIENCES

MD H
MEDIADESIGN HOCHSCHULE
FÜR
DESIGN
UND
INFORMATIK
UNIVERSITY OF
APPLIED
SCIENCES

1 Zusammenfassung

Hauptaufgabe dieses Projektes ist es, für das bestehende Nachhilfeinstitut ein geeignetes Marketingkonzept zu entwickeln und eine neue Unternehmenspräsentation zu erstellen, um eine optimale Etablierung des Instituts am Standort Braunau zu erreichen.

Im Abschnitt 2 werden die Projektausgangssituation, die Projektanforderungen und die Projektziele spezifiziert.

Im Abschnitt 3 wird kurz die Projektorganisation besprochen, in der Angaben über den Auftraggeber, die Arbeitszeiten, die Teamsitzungen und die Aufgabenbereiche der Mitarbeiter gemacht werden.

Der 4. Abschnitt beschäftigt sich mit dem projektspezifischen Vorgehensmodell, das heißt der Projektstruktur, den Angaben zu Meilensteinen, Terminen und der Risikoanalyse.

Danach wird im Abschnitt 5 die gesamte Projektdurchführung mit einem einführenden Überblick über die bei der Projektumsetzung verwendeten Technologien, einer genauen Tätigkeitsbeschreibung und den daraus resultierenden Teilergebnissen besprochen.

Im vorletzten Abschnitt 6 werden jeweils in einer Tabelle die erreichten Ziele und die nicht erreichten Ziele mit Begründung dargestellt, und abschließend im Abschnitt 7 der Projektbericht mit einer zusammenfassenden Wertung und einem Ausblick abgeschlossen.

2 Projekteinleitung

2.1 Analyse der aktuellen Marktsituation des Unternehmens

Um den Ist-Zustand des Unternehmens besser analysieren und einen optimalen Soll-Zustand herstellen zu können, war es nötig die jetzige Marktsituation des Unternehmens herauszufinden. Dazu wurden in Zusammenarbeit mit einer Projektgruppe der Abend HAK Braunau Fragebögen entworfen, eine entsprechende Umfrage durchgeführt, und diese dann ausgewertet.

Basierend auf dieser Auswertung war es nun möglich eine aktuelle Ausgangssituation zu bestimmen und daraus den Soll-Zustand und die Ziele abzuleiten.

2.2 Projektausgangssituation (Ist-Zustand)

Durch die Fragebogenauswertung konnte die folgende Ausgangssituation ermittelt werden:

- Der bestehende Firmenname „Studienkreis" spricht nur eine bestimmte Zielgruppe (Studierende) an.

- Der Bekanntheitsgrad des Instituts „Studienkreis" ist trotz zahlreicher Werbemaßnahmen gering.

- Aufgrund des niedrigen Bekanntheitsgrades ist auch die Kundenanzahl gering. Dadurch ist eine feste Anstellung der Lehrkräfte kaum möglich. Dies wiederum erhöht die Schwierigkeit geeignete Lernbetreuer/innen zu finden.

- Der bestehende Webauftritt ist wenig informativ. Es handelt sich um eine einfache Webvisitenkarte mit Kontaktinformationen.

- Eine weitere Problematik stellt der hohe Bekanntheitsgrad des langjährig bestehenden Konkurrenzunternehmens „Schülerhilfe" dar, das sich ebenfalls im Stadtzentrum befindet.

2.3 Projektanforderungen (Soll-Zustand)

Gemeinsam mit dem Auftraggeber wurden aufbauend auf dem ernüchternden Ist-Zustand folgende Anforderungen festgelegt:

- Es gilt einen neuen ansprechenden Firmennamen zu finden, der eine größtmögliche Zielgruppe anspricht.
  - Gewünschte Zielgruppen des Auftraggebers: Grundschüler/innen, Abiturienten, Lehrlinge, Studierende, aber auch Jugendliche und Erwachsene in Aus- und Weiterbildungsmaßnahmen.

- Mit dem neuen Namen verbunden müssen eine neue Corporate Identity (CI) und damit verbunden auch ein neues, geeignetes Corporate Design (CD) entwickelt werden.

- Des Weiteren müssen geeignete Werbemaßnahmen entwickelt werden, die das „neue" Nachhilfeinstitut bekannt machen.

- Ein optisch ansprechender und informativ hochwertig gestalteter Online-Auftritt mit einem eigenen E-Learning Bereich für zahlende Kunden soll umgesetzt werden.

- Spezielle Service-Angebote müssen dazu beitragen, das Institut vom bestehenden Konkurrenzunternehmen positiv abzuheben.
  - Ein eigener Punkt auf der Website mit Informationen zu Legasthenie und Dyskalkulie, den so genannten Teilleistungsschwächen, und dem Anbieten eines speziellen Unterrichts für Legastheniker mittels geprüfter Legasthenie-Trainer/innen.
  - Ein eigener E-Learning Bereich, den man über die Website erreichen kann.
  - Spezielle Unterrichts-Angebote im IT-Bereich (Wirtschaftsinformatik, Angewandte Informatik, Bildbearbeitung, Webseitenbetreuung…), die individuell auf die Schulen und Firmen abgestimmt sind.

2.4 Projektziele

In einer Besprechung mit dem Auftraggeber wurden folgende Projektziele festgelegt:

- Vorlage von mindestens fünf verschiedenen Namensvorschlägen unter Berücksichtigung der Zielgruppen.

- Für die gesamte grafische Umsetzung des neuen Corporate Designs (Logo, Visitenkarten, Plakate, Türschilder, Webauftritt, Briefpapier, Rechnungen, etc.) einen geeigneten Grafik-Designer bzw. Graphik-Designerin beauftragen.

- In Zusammenarbeit mit einem Texter bzw. einer Texterin die Texte für die Unternehmens-philosophie und den Online-Auftritt entwerfen.

- Webauftritt informativ gestalten - mittels CSS barrierefrei, mittels Flash multimedial.

- Für den erweiterten E-Learning Bereich auf der Website ein geeignetes E-Learning System und ein Webkonferenzsystem auswählen (Gegenüberstellung, Auswahlkriterien, Mindestanforderungen, Tests) und implementieren.

3 Projektorganisation

3.1 Projektmitarbeiter

Projektleiter	Rachbauer Tamara, Studentin an der MD.H, Standort München
Mitarbeiter	Irene Appl, geprüfte Grafikerin, Studienkreis Braunau
	Eichlberger Margarethe, Texterin, Studienkreis Braunau
	Marion Stelzhammer, Abend HAK Braunau
	Klaus Willinger, Abend HAK Braunau
	Gabriele Hintermair, Abend HAK Braunau
Projektbetreuer:	
	Nisius Falk, Dozent an der MD.H, Standort Berlin

MD.H Mediadesign Hochschule für Design und Informatik Standort Berlin bzw. München

Studiengang Medieninformatik

Standort Berlin: Lindenstrasse 20-25, 10969 Berlin

Standort München: Berg-am-Laim-Str. 47, 81673 München

Nachhilfeinstitut Studienkreis

Stadtplatz Nr. 3, 5280 Braunau

Abend HAK/HAS Braunau

Raitfeldstraße 3, 5280 Braunau

3.2 Auftraggeber

Auftraggeber: Nachhilfeinstitut Studienkreis, vertreten durch:

Eichlberger Roland, Dipl. Legasthenietrainer

Ansprechpartner des Nachhilfeinstituts Studienkreis:

Eichlberger Roland, Dipl. Legasthenietrainer

Eichlberger Margarethe, Deutschlehrerin

Irene Appl, geprüfte Grafikerin

Alle oben angeführten Personen sind Mitarbeiter des
Nachhilfeinstitut Studienkreis
Stadtplatz Nr. 3, 5280 Braunau

3.3 Arbeitszeiten

Teilnehmer: Projektteam

Häufigkeit: Täglich

Dauer 8 Stunden

Die Wochenarbeitszeit beiträgt 5 Tage zu je 8h dies entspricht 40h.

3.4 Projektsitzungen

3.4.1 Teamsitzungen

Zweck: Projektstand, Terminüberwachung, Entscheidungen und weiteres Vorgehen

Teilnehmer: Projektteam, Auftraggeber

Häufigkeit: In der Regel jeden Samstag

Dauer: 30 Minuten

3.4.2 Meilenstein Review

Zweck: Meilenstein Abnahme

Teilnehmer: Projektteam, Auftraggeber

Häufigkeit: Beim Erreichen eines Meilensteins

Dauer: 60 Minuten

4 Projektspezifisches Vorgehensmodell

4.1 Projektstrukturierung

Das Gesamtprojekt teilt sich in vier Projektphasen. In der ersten Projektphase geht es darum, die Projektanforderungen heraus zu finden und die Projektziele zu definieren. In der zweiten Projektphase wird die neue Corporate Identity entwickelt. In der dritten Projektphase geht es um die Umsetzung des Online-Auftritts und die Beauftragung einer Druckerei, um die Firmenschilder, Plakate, Briefpapiere, Flyer, Visitenkarten etc. drucken zu lassen. In der vierten und letzten Projektphase werden ein Webkonferenzsystem und ein LCMS gewählt, getestet und implementiert.

Projektphase	Inhalt	Ergebnis
Projektphase 1	In Zusammenarbeit mit der Projektgruppe Abend HAK Fragebögen erstellen, auswerten und die Ist-Situation ermitteln. Daraus die Projektanforderungen und Ziele ableiten.	**Fragebögen und dazugehörige Auswertungen in Form von Excel-Diagrammen.** **Projektausgangszustand, Projektanforderungen und Projektziele.**
Projektphase 2	Neue Corporate Identity entwickeln. Dazu gehört u. a. anderem die Namensfindung zusammen mit dem Projektteam, das Verfassen aller notwendigen Texte, das Entwerfen und Auswählen des Corporate Designs zusammen mit der Grafik-Designerin.	**Neuer Firmenname** **Alle Texte für Webauftritt, Flyer, Broschüren, etc.** **Corporate Design: Logo, Briefpapier, Firmenschilder, Plakate, graphische Design Elemente der Webseite**
Projektphase 3	Umsetzung des Online-Auftritts in CSS und Flash. Beauftragung einer Druckerei, um Plakate, Briefpapier, Visitenkarten und Firmenschilder drucken zu lassen.	**Webauftritt als CSS- und als Flash-Version.** **Briefpapier, Visitenkarten, Plakate, Flyer, Firmenschilder**
Projektphase 4	Auswahl eines E-Learning Systems und Webkonferenzsystems anhand der Anforderungen durch den Auftraggeber, Evaluierungen und Testmöglichkeiten auf verschiedenen Webseiten. Lokales Installieren und Einbinden auf der Webseite.	**Dokumentation mit Beschreibung der Installation, der Programmfeatures, einer Administrator-Sicht und verschiedenen Benutzer-Sichten.** **Erreichbarkeit der Systeme über die Webseite.**

Tabelle 4.1.1 Auflistung der Projektphasen mit Beschreibung

4.2 Meilensteine und Termine

Meilenstein	Datum
Fragebögen und dazugehörige Auswertungen in Form von Excel-Diagrammen.	**Dienstag, 23. Oktober 2007**
Projektausgangszustand, Projektanforderungen und Projektziele.	**Montag, 29. Oktober 2007**
Neuer Firmenname	**Mittwoch, 31. Oktober 2007**
Fertige Texte für Webauftritt, Flyer, Broschüren, etc. Fertiges Corporate Design: Logo, Briefpapier, Firmenschilder, Plakate, graphische Design Elemente der Webseite	**Dienstag, 20. November 2007**
Fertiger Webauftritt als CSS-Version	**Montag, 03. Dezember 2007**
Fertiger Webauftritt als Flash-Version	**Dienstag, 18. Dezember 2007**
Gedrucktes Briefpapier, Visitenkarten, Plakate, Flyer, Firmenschilder.	**Donnerstag, 20. Dezember 2007**
Fertige Dokumentationen für das E-Learning System und das Webkonferenzsystem.	**Dienstag, 15. Jänner 2008**
Erreichbarkeit der ausgewählten Systeme über die Webseite.	**Voraussichtlich, Dienstag, 12. Februar 2008**

Tabelle 4.2.1 Auflistung der Meilensteine

4.3 Risikoanalyse

Risiko	Präventive Maßnahmen	Korrektive Maßnahmen
Personenausfall wegen Krankheit, Urlaub, Schule	straffe Planung, gute Koordination, regelmäßige Teamsitzungen	Ersatzmitarbeiter/innen organisieren, die einspringen können
Hardware	Testrechner und Ersatzrechner bereitstellen	Privatrechner zu Hause bereitstellen
Software	Serversoftware mit PHP- und MySQL-Unterstützung	Privatrechner zu Hause bereitstellen
Neuland E-Learning System und Webkonferenzsystem, höherer Zeitaufwand	Berücksichtigung in der Zeitplanung.	Online-Auftritt zuerst ohne den Punkt E-Learning erstellen

Tabelle 4.3.1 Auflistung der Risiken und der zu treffenden Maßnahmen

4.4 Überblick über die verwendeten Technologien

Welche Technologie?	Wofür?
HTML mit Verwendung von CSS	Online-Auftritt CSS-Version
Flash und Java Script	Online-Auftritt Flash-Version und als Präsentation bei Vorstellungen in Schulen und Firmen
LCMS Learning Content Management System Voraussetzung Serversoftware mit php-Unterstützung, MySQL-Datenbank	E-Learning Bereich auf der Webseite
Webkonferenzsystem Spreed	E-Learning Bereich auf der Webseite

Tabelle 4.4.1 Überblick über die verwendeten Technologien und deren Einsatzgebiet

5 Projektdurchführung

5.1 Projektphase 1

5.1.1 Tätigkeitsbeschreibung

In Zusammenarbeit mit der Projektgruppe der Abend HAK Braunau sollten in der ersten Oktoberwoche Fragebögen für die drei Zielgruppen Eltern, Schüler/innen und Lehrer/innen erstellt werden, um ein möglichst aussagekräftiges Ergebnis zur Ausgangssituation des Nachhilfeinstituts „Studienkreis" zu erhalten.

In der zweiten und dritten Oktoberwoche, vom 8. Oktober bis zum 18. Oktober, wurden die Befragungen durchgeführt. Dazu wurde bei verschiedenen Schultypen um Unterstützung gebeten. Aufgrund der Projektgruppe der Abend HAK war es bei der HAK Braunau kein Problem, dort wurde die Befragung als Mitarbeit der Schule an einem Projekt datiert, und so war es auf einfachem Wege möglich eine Lehrer- und Schülerbefragung durchzuführen. Auch in der ehemaligen Schule der Projektleiterin, dem Bundes- und Realgymnasium Braunau, war die Unterstützung gegeben. Des Weiteren war eine Umfrage auch in der Hauptschule und Volksschule Altheim möglich, da die Ehefrau des Auftraggebers und dessen Schwester dort unterrichten. Die Elternbefragung dagegen wurde jeweils am Ende eines Schultages beim Abholen der Kinder bzw. in einer Stadtumfrage durchgeführt.

Bis zum 22. Oktober 2007 wurde an der grafischen Auswertung der Umfrage in Form von Excel-Tabellen gearbeitet. Die ernüchternden Ergebnisse wurden am 23. Oktober 2007 beim ersten Meilenstein Review dem Auftraggeber präsentiert.

Anschließend wurden ebenfalls in Zusammenarbeit mit der Projektgruppe der Abend HAK Braunau der Projektausgangszustand, die Projektanforderungen und die Projektziele diskutiert, ausformuliert und beim zweiten Meilenstein Review am 29. Oktober 2007 mit dem Auftraggeber endgültig festgelegt.

5.1.2 Probleme und Lösungen

Problematisch gestaltete sich bei der Fragebogenerstellung die Auswahl der Themen, die berücksichtigt werden sollten. Mit Hilfe eines gemeinsamen Brainstormings in der Projektgruppe wurden mögliche Themenbereiche aufgelistet.

Diese Themenbereiche wurden dann in einer gemeinsamen Sitzung mit dem Auftraggeber spezifiziert und erweitert, und daraus die folgenden in den Fragebögen zu berücksichtigenden Themen festgelegt.

- Bekanntheitsgrad,
- Standortfrage,
- Allgemeine Fragen zu
  - Unterrichtsformen,
  - Gruppengrößen und
  - dem finanziellen Aufwand.
- Erfolgsquote durch die Nachhilfe,
- Änderungen im Lernverhalten.

Eine weitere Schwierigkeit lag neben der Themenauswahl noch in der Art der Fragestellung. Die Fragen sollten einfach, leicht verständlich aber doch präzise gestellt sein, um eine ideale Umfrage durchführen zu können und daraus eine aussagekräftige Auswertung erstellen zu können. Die Lösung des Problems „richtige Fragestellung“ erfolgte unter Mithilfe von Freunden und Bekannten, die testweise interviewt wurden.

5.1.3 Teilergebnisse

Fragebogen für Eltern

1. Welche dieser Nachhilfeinstitute in Braunau kennen Sie?
☐ Studienkreis ☐Schülerhilfe ☐ Lernprofis
2. Wodurch wurden Sie auf diese(s) Institut aufmerksam?
☐ Zeitungsinserate ☐ Plakate ☐ Internet ☐ InnTV ☐ Mundpropaganda ☐ durch die Schule
3. Hat Ihr Kind schon einmal Nachhilfe in Anspruch genommen?
☐ Ja ☐ Nein
4. Wenn ja, in welchen Fächern?
☐ Mathematik ☐Englisch ☐ Deutsch ☐ Rechnungswesen ☐ Französisch ☐ Informatik

5. Wurde Ihr Kind schon auf Teilleistungsschwächen getestet?
☐ Ja ☐ Nein
6. Wo würden Sie den Standort für die Nachhilfe am ehesten begrüßen?
☐ Stadtplatz ☐ Altstadt ☐ Ringstraße ☐ Bahnhofsnähe
7. Wie viel würden Sie pro Einheit (45 Minuten) für die private Nachhilfe ausgeben?
☐ € 5 bis € 10 ☐ € 10 bis € 15 ☐ € 15 bis 20 €
8 Welcher Name wird am meisten mit Nachhilfe in Zusammenhang gebracht? Vergeben Sie Noten von 1 bis 5!
☐ Lernprofis ☐ Der Schulbegleiter ☐ Lernzirkel ☐ Minilernkreis ☐ IFL ☐ Schülerhilfe ☐ Schüler in Not ☐ Studienkreis ☐ Lernquadrat ☐ Schülerzentrum
9. Wären Kurse für Lerntechniken für Sie bzw. für Ihr Kind interessant?
☐ Ja ☐ Nein

Abb. 5.1.3.1 Fragebogen Entwurf für Eltern

Fragebogen für Schüler/innen

1. Wie alt bis du?
2. Welchen Schultyp besuchst du?
☐ Volksschule ☐ Hauptschule ☐ AHS ☐ BHS
3. Welches dieser Nachhilfeinstitute in Braunau kennst du?
☐ Studienkreis ☐ Schülerhilfe ☐ Lernprofis
4. Hast du schon einmal Nachhilfe in Anspruch genommen?
☐ Ja ☐ Nein
5. Wenn ja, in welchen Fächern?
☐ Mathematik ☐Englisch ☐ Deutsch ☐ Rechnungswesen ☐ Französisch ☐ Informatik
6. Warst du dadurch erfolgreicher?
☐ Ja ☐ Nein
7. Wurde das Lernziel durch die Nachhilfe erreicht?
☐ Ja ☐ Nein
8. Hat sich dein Lernverhalten geändert?
☐ Ja ☐ Nein
9. Würdest du einen Kurs besuchen, um richtige Lerntechniken kennen zu lernen?
☐ Ja ☐ Nein
10 Ist dir Gruppenunterricht oder Einzelunterricht lieber?
☐ Gruppe ☐ Einzel

11. Würdest du auch Ferienkurse besuchen?
☐ Ja ☐ Nein

Abb. 5.1.3.2 Fragebogen Entwurf für Schüler/innen

Fragebogen für Lehrer

1. Sehen Sie bei Ihren Schülern und Schülerinnen eine Notwendigkeit für professionelle Nachhilfe? ☐ Ja ☐ Nein
2. Würden Sie Nachhilfe empfehlen? ☐ Ja ☐ Nein
3. Wie sollte die Art der Nachhilfe aussehen? ☐ Einzelunterricht ☐ Kleinstgruppen ☐ größere Gruppen
4. Wie hoch sollte die Zahl der Schüler in den Nachhilfegruppen sein? ☐ zwei ☐ fünf ☐ mehr
5. Wie oft in der Woche sollten die Schüler und Schülerinnen Nachhilfe bekommen? ☐ 1x ☐ 2x ☐ 3x
6. Wünschen Sie sich permanenten Kontakt mit dem Nachhilfelehrer? ☐ Ja ☐ Nein
7. Welcher Name wird am meisten mit Nachhilfe in Zusammenhang gebracht? Vergeben Sie Noten von 1 bis 5! ☐ Lernprofis ☐ Der Schulbegleiter ☐ Lernzirkel ☐ Minilernkreis ☐ IFL ☐ Schülerhilfe ☐ Schüler in Not ☐ Studienkreis ☐ Lernquadrat ☐ Schülerzentrum
8. Geben Sie selbst Nachhilfe? ☐ Ja ☐ Nein
9. Wären Sie daran interessiert, Nachhilfe zu geben? ☐ Ja ☐ Nein

Abb. 5.1.3.3 Fragebogen Entwurf für Lehrer/innen

Auswertung der Fragebögen für Eltern

Diese Statistik verdeutlicht, dass der Bekanntheitsgrad des Studienkreises in Braunau nicht befriedigend ist.

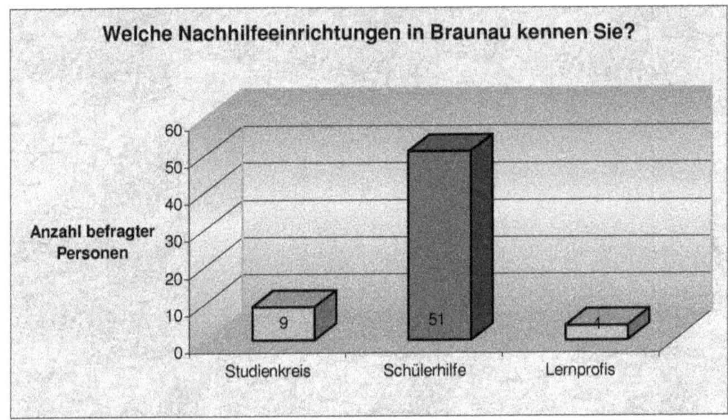

Abb. 5.1.3.4 Excel-Diagramm „Welche Nachhilfeeinrichtungen in Braunau kennen Sie?"

Laut Angaben der Eltern haben die wenigsten ihre Kinder bereits zur Nachhilfe geschickt.

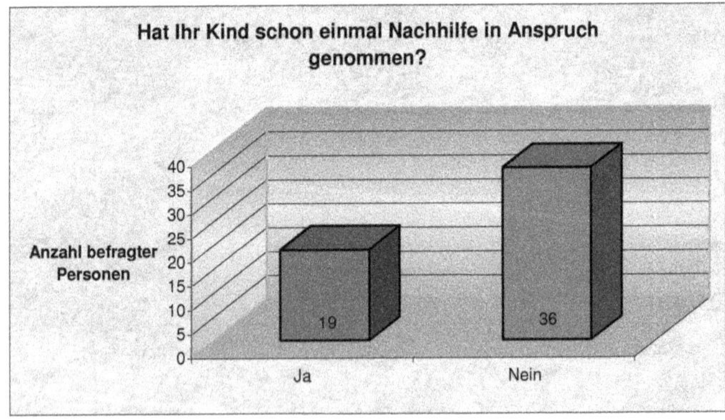

Abb. 5.1.3.5 Excel-Diagramm „Hat Ihr Kind schon einmal Nachhilfe in Anspruch genommen?"

Zeitungsinserate und Mundpropaganda haben den größten Werbeeffekt.

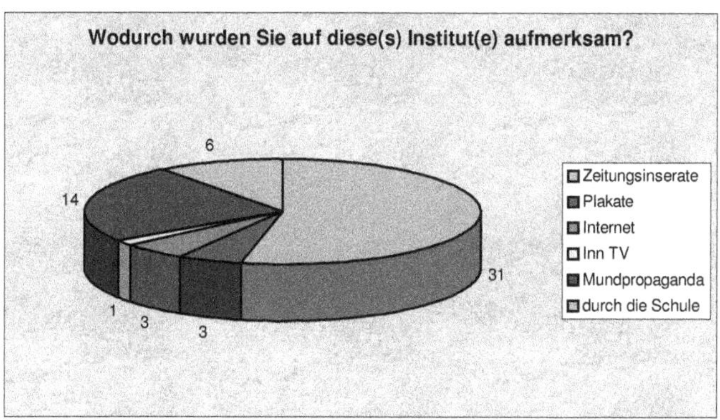

Abb. 5.1.3.6 Excel-Diagramm „Wodurch wurden Sie auf diese(s) Institut aufmerksam?“

Auch die Eltern assoziieren die Bezeichnung Studienkreis kaum mit Nachhilfe.

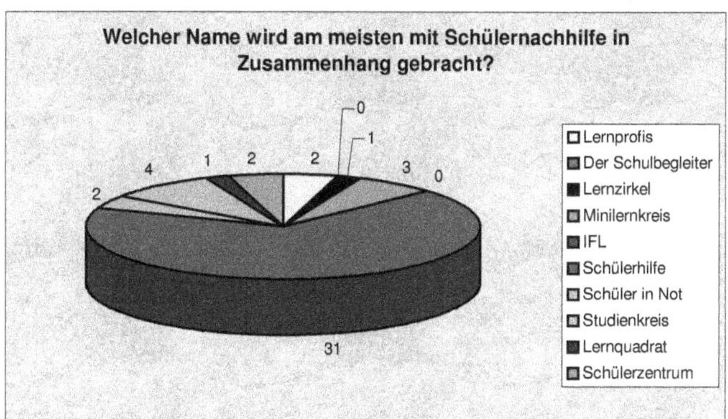

Abb. 5.1.3.7 Excel-Diagramm „Welcher Name wird am meisten mit Schülernachhilfe in Zusammenhang gebracht?“

Als Problemunterrichtsfächer kann man Mathematik, Englisch und Deutsch sehen.

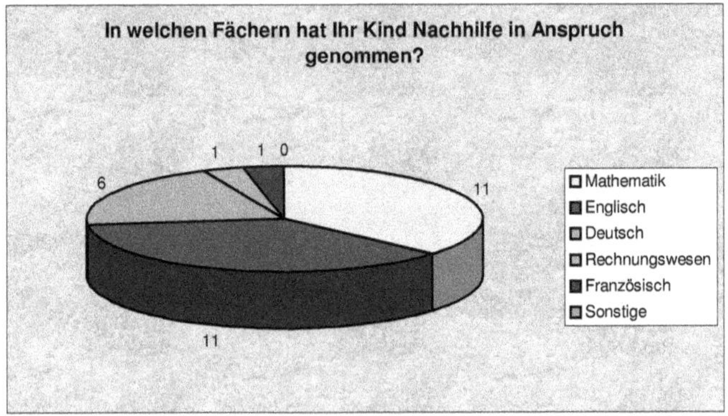

Abb. 5.1.3.8 Excel-Diagramm „In welchen Fächern hat Ihr Kind Nachhilfe in Anspruch genommen?“

Die Befragung in Altheim zeigt, dass auch dort Interesse an einer Nachhilfeeinrichtung bestünde.

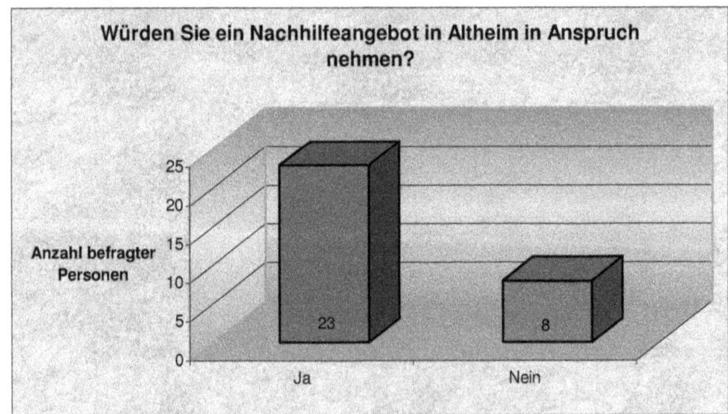

Abb. 5.1.3.9 Excel-Diagramm „Würden Sie ein Nachhilfeangebot in Altheim in Anspruch nehmen?“

Die Bereitschaft der Eltern über € 15 pro Einheit (45 Minuten) auszugeben ist sehr gering.

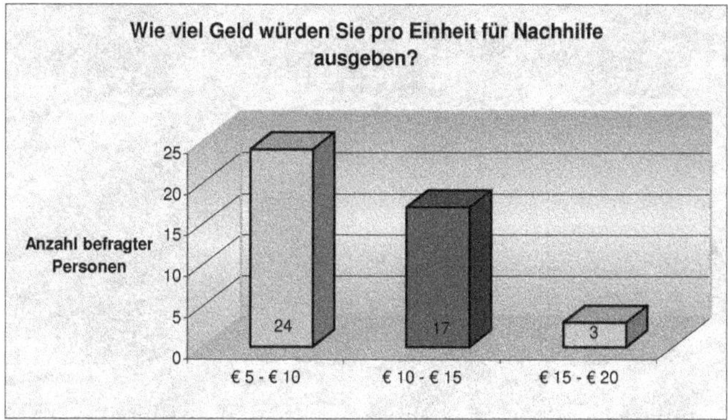

Abb. 5.1.3.10 Excel-Diagramm „Wie viel Geld würden Sie pro Einheit für Nachhilfe ausgeben?"

Die Befragung der Eltern macht deutlich, dass kaum ein Kind auf Teilleistungsschwächen untersucht wurde. Dies könnte auch auf eine zu geringe Aufklärung in diesem Bereich hindeuten.

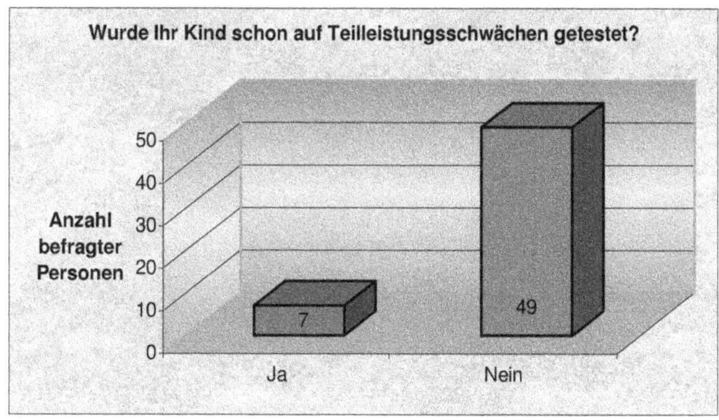

Abb. 5.1.3.11 Excel-Diagramm „Wurde Ihr Kind schon auf Teilleistungsschwächen getestet?"

Man sieht deutlich, dass sich die meisten Eltern für Kurse über Lerntechniken interessieren würden.

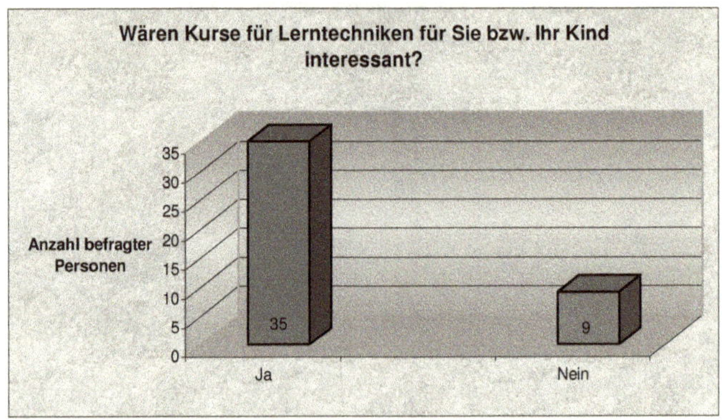

Abb. 5.1.3.12 Excel-Diagramm „Wären Kurse für Lerntechniken für Sie bzw. Ihr Kind interessant?"

Auswertung der Fragebögen für Schüler/innen

Die befragten Schüler bilden einen Querschnitt durch die verschiedensten Schultypen.

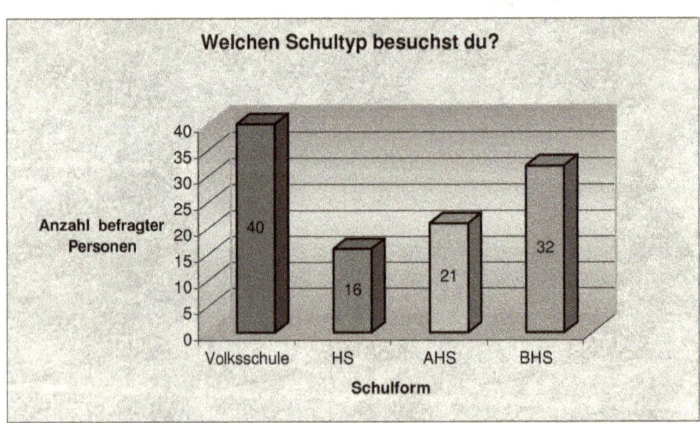

Abb. 5.1.3.13 Excel-Diagramm „Welchen Schultyp besuchst du?"

Auch den Schülern ist der Studienkreis kaum bekannt.

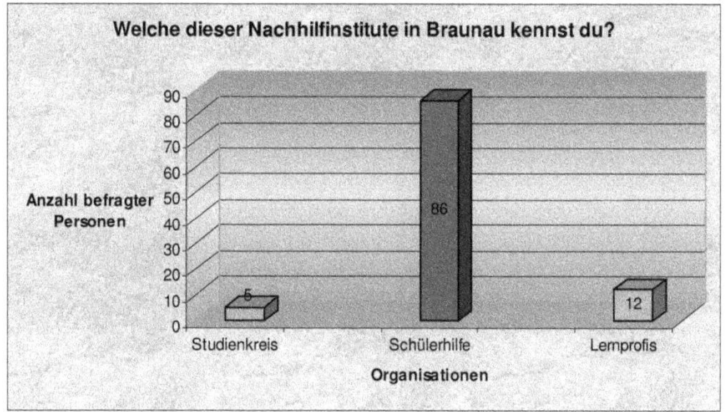

Abb. 5.1.3.14 Excel-Diagramm „Welche dieser Nachhilfeinstitute in Braunau kennst du?"

In etwa die Hälfte der befragten Schüler hat bereits Nachhilfe in Anspruch genommen.

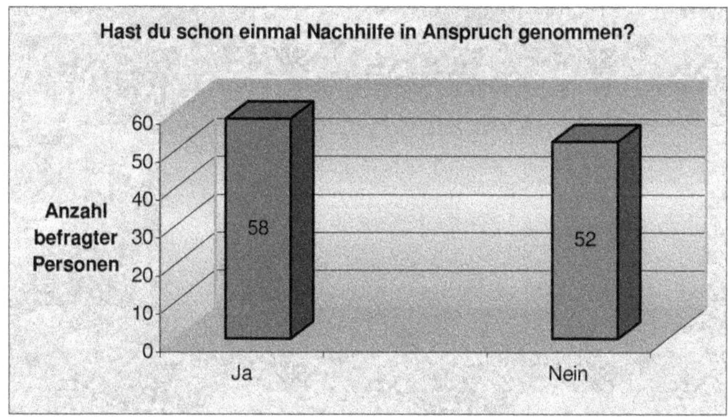

Abb. 5.1.3.15 Excel-Diagramm „Hast du schon einmal Nachhilfe in Anspruch genommen?"

Nur eine geringe Mehrheit der Nachhilfenehmenden war dadurch auch erfolgreicher.

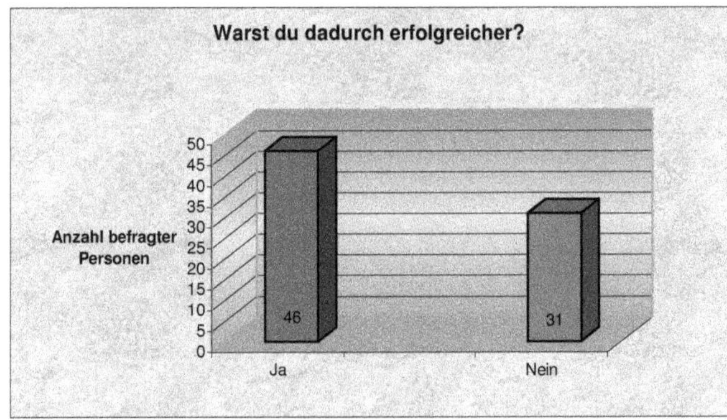

Abb. 5.1.3.16 Excel-Diagramm „Warst du dadurch erfolgreicher?"

Wie schon bei der Elternbefragung deutlich wurde, sind Mathematik, Englisch und Deutsch die häufigsten Problemfächer.

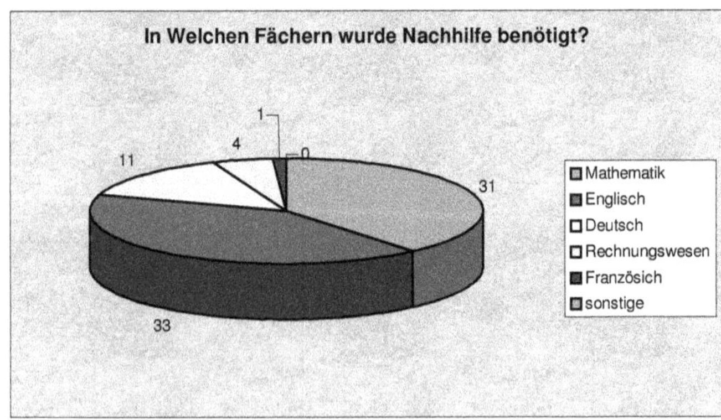

Abb. 5.1.3.17 Excel-Diagramm „In welchen Fächern wurde Nachhilfe benötigt?"

Das gewünschte Lernziel wurde jedoch von fast der Hälfte der Schüler/innen nicht erreicht.

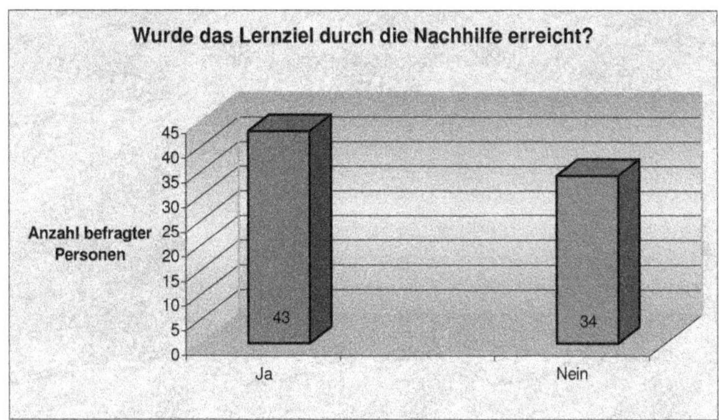

Abb. 5.1.3.18 Excel-Diagramm „Wurde das Lernziel durch die Nachhilfe erreicht?"

Die Mehrheit hat ihr Lernverhalten nach in Anspruch genommener Nachhilfe nicht geändert.

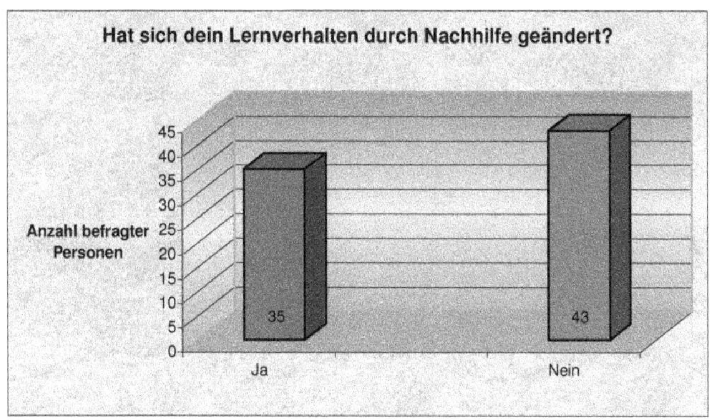

Abb. 5.1.3.19 Excel-Diagramm „Hat sich dein Lernverhalten durch die Nachhilfe geändert?"

Nicht ganz die Hälfte der Befragten zeigt Interesse an Lerntechnikkursen.

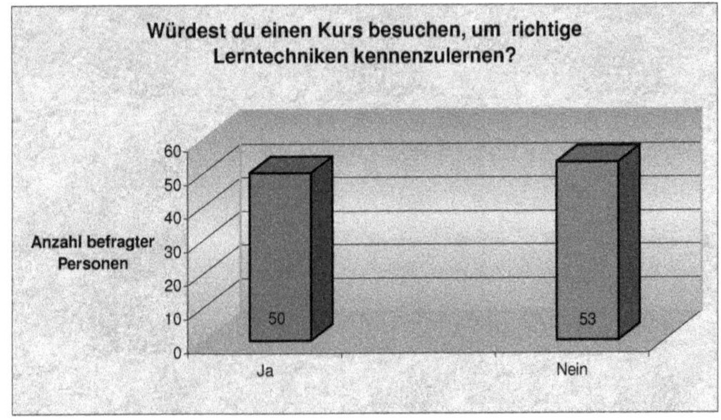

Abb. 5.1.3.20 Excel-Diagramm „Würdest du einen Kurs besuchen, um richtige Lerntechniken kennen zu lernen?"

Die Bereitschaft auch in den Ferien Kurse zu besuchen ist sehr gering.

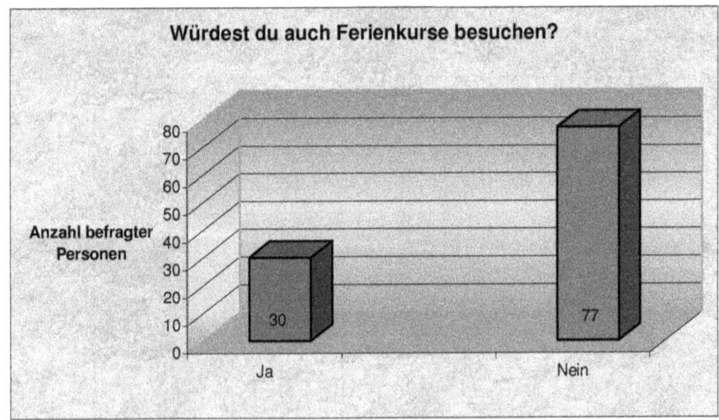

Abb. 5.1.3.21 Excel-Diagramm „Würdest du auch Ferienkurse besuchen?"

Die Schüler bevorzugen den Unterricht in der Gruppe.

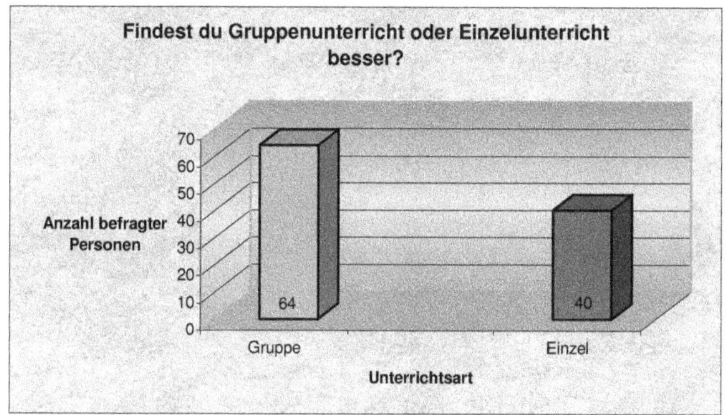

Abb. 5.1.3.22 Excel-Diagramm „Findest du Gruppenunterricht oder Einzelunterricht besser?"

Auswertung der Fragebögen für Lehrer/innen

Die meisten der befragten Lehrer/innen halten professionelle Nachhilfe sehr wohl für erforderlich.

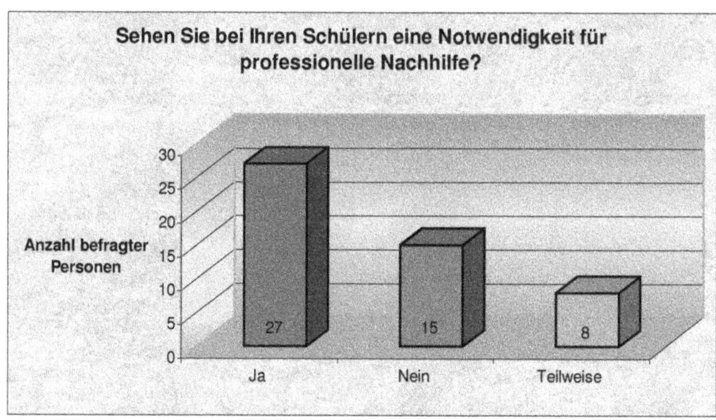

Abb. 5.1.3.23 Excel-Diagramm „Sehen Sie bei Ihren Schülern eine Notwendigkeit für professionelle Nachhilfe?"

Fast alle befragten Lehrer/innen würden ihren leistungsschwächeren Schülern Nachhilfe empfehlen.

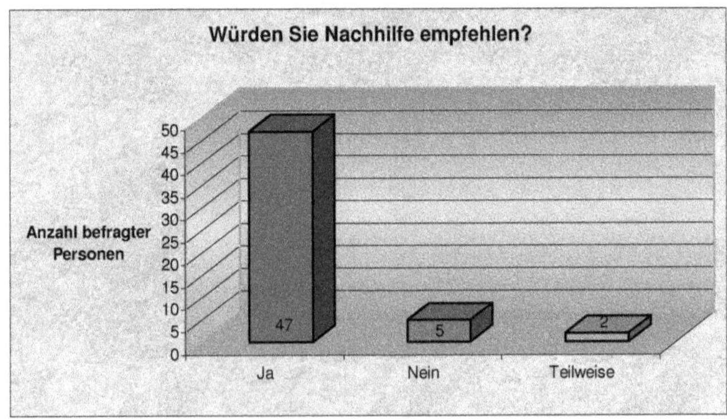

Abb. 5.1.3.24 Excel-Diagramm „Würden Sie Nachhilfe empfehlen?"

Die Bezeichnung Studienkreis wird nicht ausreichend stark mit Nachhilfe in Verbindung gebracht.

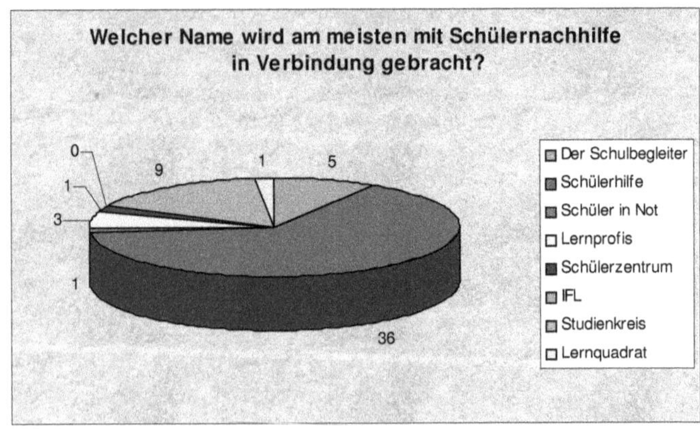

Abb. 5.1.3.25 Excel-Diagramm „Welcher Name wird am meisten mit Schülernachhilfe in Verbindung gebracht?"

Nicht ganz die Hälfte aller befragten Lehrer/innen gibt selbst Nachhilfe.

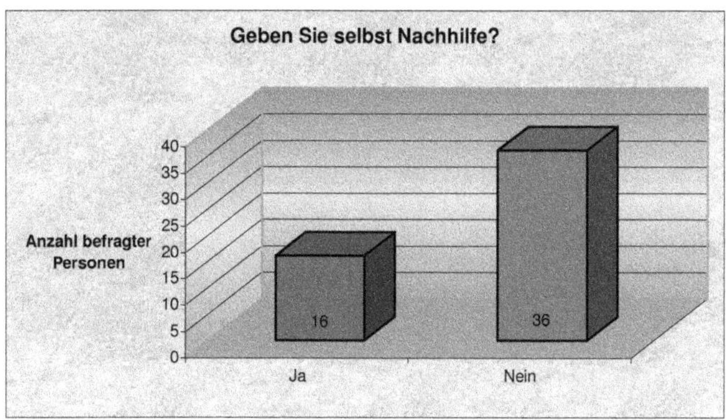

Abb. 5.1.3.26 Excel-Diagramm „Geben Sie selbst Nachhilfe?"

Das Interesse der Lehrer, Nachhilfe zu geben, ist sehr gering.

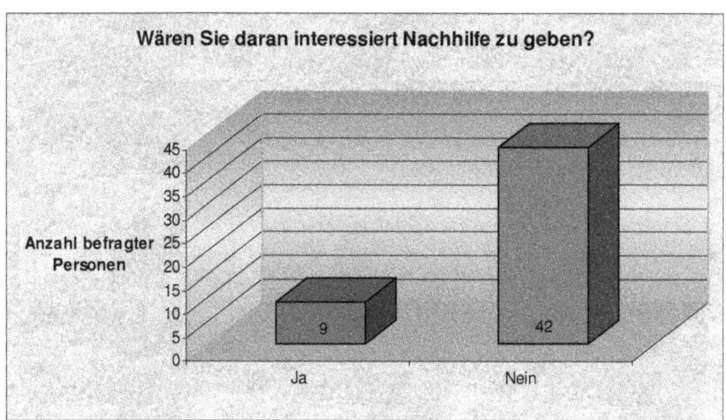

Abb. 5.1.3.27 Excel-Diagramm „Wären Sie daran interessiert Nachhilfe zu geben?"

Nach Meinung der Lehrer/innen würden ein bis zwei Einheiten pro Woche ausreichen.

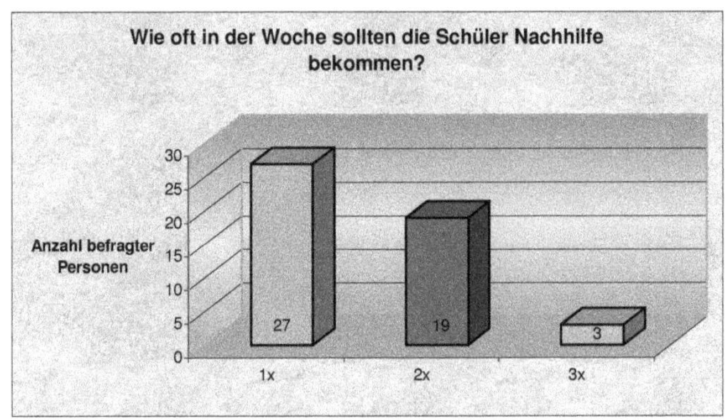

Abb. 5.1.3.28 Excel-Diagramm „Wie oft in der Woche sollten die Schüler Nachhilfe bekommen?“

Der Kontakt zum Nachhilfelehrer bzw. Nachhilfelehrerin ist großteils nicht erwünscht.

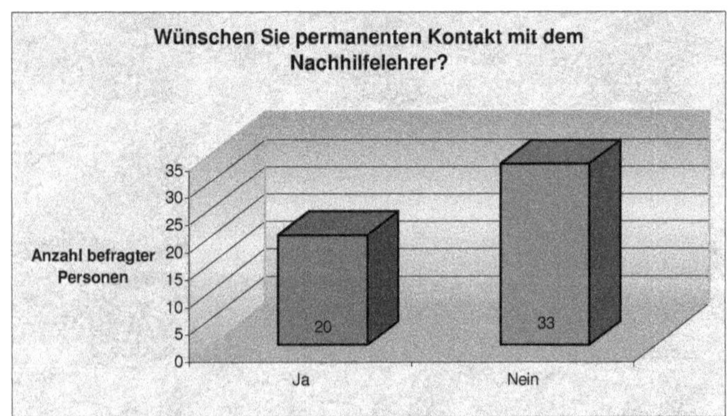

Abb. 5.1.3.29 Excel-Diagramm „Wünschen Sie permanenten Kontakt mit dem Nachhilfelehrer?“

Lehrer/innen würden von Nachhilfe in größeren Gruppen abraten.

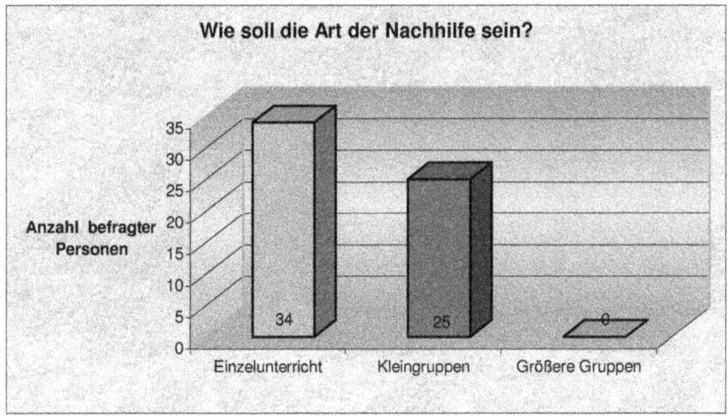

Abb. 5.1.3.30 Excel-Diagramm „Wie soll die Art der Nachhilfe sein?"

Die meisten Lehrer/innen halten Zweiergruppen für die sinnvollste Form der Nachhilfe.

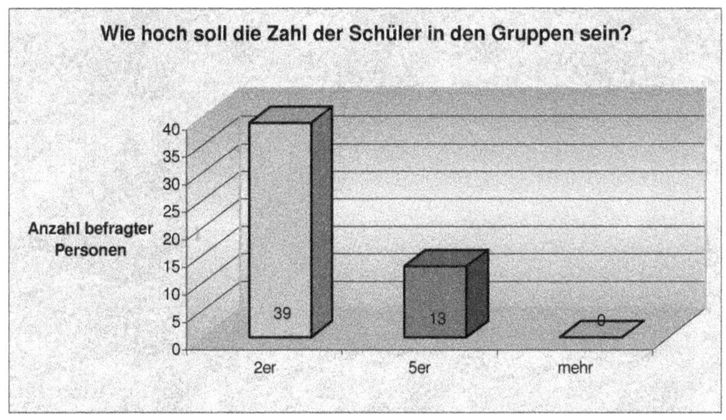

Abb. 5.1.3.31 Excel-Diagramm „Wie hoch soll die Zahl der Schüler in den Gruppen sein?"

Weitere Teilergebnisse, die mit Hilfe der Auswertungen entstanden, sind die im Abschnitt 2 festgelegte Projektausgangssituation, die Projektanforderungen und die Projektziele.

5.1.4 Weiteres Vorgehen

Aufgrund der ernüchternden Ergebnisse der Umfrage kam der Auftraggeber zum Entschluss eine komplett neue Corporate Identity aufzubauen. Die dazu notwendigen Aufgaben sind Teil der nächsten Projektphasen.

5.2 Projektphase 2

5.2.1 Tätigkeitsbeschreibung

Der erste Schritt beim Aufbau einer neuen Corporate Identity war die Findung eines neuen Firmennamens. Dazu wurde nicht nur in Zusammenarbeit mit der Projektgruppe der Abend HAK ein Brainstorming durchgeführt, sondern auch die Meinung von Bekannten, Freunden und Eltern der bestehenden Kunden eingeholt. Bei der dritten Meilenstein Review am 31. Oktober 2007 wurden die Ergebnisse dem Auftraggeber präsentiert. Aufgrund der plausiblen Argumentation fiel die Entscheidung des Auftraggebers zugunsten des Namens „Gute Noten Werkstatt“ aus.

Die nächsten beiden Aufgaben, das Entwickeln eines Corporate Designs und das Verfassen aller notwendigen Texte, sollten parallel bis zum 20. November gelöst werden.

In Zusammenarbeit mit dem Auftraggeber und dessen Ehefrau, einer Deutschlehrerin, die auch für die Texte mitverantwortlich sein würde, wurden die Punkte überlegt, die auf der Webseite präsentiert werden sollten. Des Weiteren wurden Überlegungen angestellt, für welche Themengebiete Folder produziert werden sollten, und welche Informationen auf den Plakaten und Flyern stehen sollten. Nachdem die Punkte und Themengebiete festgelegt waren, wurden gemeinsam mit der Ehefrau des Arbeitgebers Texte für die Themengebiete Lernbetreuung und Legasthenie und für die Website-Punkte

- Unsere Philosophie,
- Kursangebot,
- Unterrichtsformen,
- Legasthenie und
- Werkstatt erstellt.

Parallel dazu wurde die Grafik-Designerin, der freiberuflich im Unternehmen mitarbeitet, beauftragt, Entwürfe für ein Corporate Design zu erstellen. In regelmäßigen Sitzungen mit der Designerin wurden die Entwürfe diskutiert und eigene Ideen vor allem für das Logo mit eingebracht. Nach der Entscheidung für ein bestimmtes Design, begann die Grafik-Designerin mit der graphischen Umsetzung von Logo, Plakaten, Flyern, Briefpapier und Firmenschilder.

In dieser Zeit wurden auch Überlegungen zum Aufbau des Online-Auftritts angestellt. Dazu wurden Webauftritte von anderen Nachhilfeinstituten aufgesucht, analysiert und mit dem Auftraggeber besprochen.

Dessen Vorstellung war es die Webseite in drei Teile aufzuspalten.

- Unten eine Hauptnavigation,
- oben eine Nebennavigation und
- in der Mitte die Informationen, aufgelockert durch ein Foto bzw. ein passendes Bild.

Aufbauend auf diesen Wünschen konnten Überlegungen zur Größe angestellt werden und der Graphik-Designerin Anweisungen zum Erstellen der ersten Design-Elemente für die Webseite gegeben werden.

Am 26. November wurden die Ergebnisse bei der vierten Meilenstein Review präsentiert.

5.2.2 Probleme und Lösungen

Die Schwierigkeit bei der Namensfindung bestand darin, einen Namen zu finden, der keine Ähnlichkeit zu bestehenden Unternehmen aufweisen durfte und trotzdem die Ziele eines Nachhilfeinstituts einfach und klar ausdrücken musste. Da der Begriff „Nachhilfe" einen negativen Touch mit sich bringt, wollte der Auftraggeber dieses Wort im Firmennamen vermeiden. Dennoch sollte der Name von der Allgemeinheit sofort mit Lernbetreuung bzw. Lernhilfe in Verbindung gebracht werden. Auch sollte der Begriff „Schüler" vermieden werden, da das Institut auch für Studenten, Jugendliche und Erwachsene in Aus- und Weiterbildung eine Lernbetreuung anbietet, und diese sich nicht allzu gerne als Schüler/innen sehen. Die Tatsache, dass viele geeignete Namen für Nachhilfeinstitute bereits existieren und auch nicht in abgewandelter Form verwendet werden dürfen, erschwerte das Vorhaben.

Unter Berücksichtigung dieser Tatsachen entstanden folgende Vorschläge:

- Lernkreis Braunau,
- Lernhilfe Akademie bzw. Lernhilfe Zentrum,
- Lernbetreuung Coachs,
- Gute Noten Zentrum bzw. Gute Noten Werkstatt.

Nach zahlreichen Diskussionen und Argumentationen war der Favorit „Gute Noten Werkstatt", da sich dieser Name aus wichtigen Komponenten zusammensetzt.

- Gute Noten – das eigentliche Ziel der meisten Eltern, Schüler/innen, Studierenden und auch Jugendlichen und Erwachsenen in Aus- und Weiterbildung
- Werkstatt – in einer Werkstatt erhält man fachmännische Hilfe.

Diese Argumentation war dann auch der Entscheidungsgrund des Auftraggebers für diesen Namen.

5.2.3 Teilergebnisse

Zu den Teilergebnissen dieser 2 .Projektphase gehören

- der neue Firmenname „Gute Noten Werkstatt",
- alle notwendigen Texte, sowohl für die Webseite als auch für die Druckartikel und
- die zum Corporate Design gehörenden fertigen graphischen Designelemente.

Abb. 5.2.3.1 Design-Element „Logo Gute Noten Werkstatt", Grafik-Designerin Irene Appl

Abb. 5.2.3.2. Design-Element „Fußzeile für Briefpapier", Grafik-Designerin Irene Appl

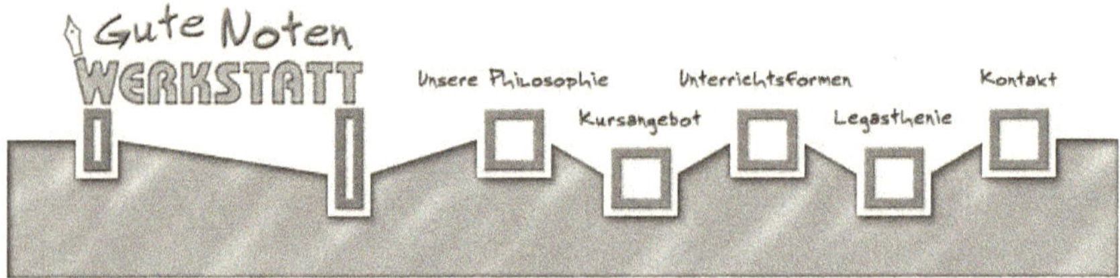

Abb. 5.2.3.3 Design-Element „Navigation unten für den Online-Auftritt", Grafik-Designerin Irene Appl

5.3 Projektphase 3

5.3.1 Tätigkeitsbeschreibung

In der dritten Projektphase war die Haupttätigkeit die Umsetzung der Online-Auftritte. Es wird hierbei bewusst von Online-Auftritten gesprochen, da es der ausdrückliche Wunsch des Auftraggebers war, eine zusätzliche Flash-Version zu erstellen. Diese will der Auftraggeber auch für Präsentationen und Vorstellungen bei Schulen verwenden. Die Flash-Version sollte den gleichen Aufbau wie die HTML-Version aufweisen, dafür aber einige dezente und passende Animationen enthalten.

Durch die Vorgabe des Webseiten-Aufbaus wurde der Online-Auftritt folgendermaßen aufgebaut:

- Aus einem Hauptcontainer, um die Seiten mittig zu positionieren und darin befindlich
  - gibt es weitere vier Container
    - Einen Container für die Navigation – oben,

- einen Container für die Navigation – unten,
- einen Container für den Text – Mitte rechts und
- einen Container für die Graphik bzw. das Foto – Mitte links

Des Weiteren wurden zwei Stylesheets erstellt:

- Eines für den Online-Auftritt und
- eines für den Ausdruck.

Nachdem diese Grundstruktur aufgebaut war, wurden die Texte eingefügt, Schriftarten und Farben festgelegt. Parallel dazu arbeitete die Graphik-Designerin an den Bildern. Für den Punkt „Werkstatt" mussten Fotos von den Unterrichtsräumen gemacht werden, die ebenfalls von der Graphik-Designerin bearbeitet wurden.

Termingerecht erfolgte die Abnahme bei der fünften Meilenstein Review am 3. Dezember 2007, wobei die HTML-Version dann noch auf den bereits vorhandenen Webspace geladen wurde.

Im nächsten Schritt erfolgte die Umsetzung in Flash. Dazu wurde die HTML-Version als Vorlage verwendet und in Flash nachgebaut. Im Unterschied zur HTML-Version sollten in der Flash-Version Rollover-Effekte bei der Navigation eingesetzt werden und einige dezente und passende Animationen eingebaut werden. Nach einigen Überlegungen, wie man die Webseite passend auflockern könnte, wurden mit Hilfe der Graphik-Designerin folgende Rollover-Effekte bzw. Animationen umgesetzt:

- Zu Beginn sollte eine kleine Animation, ähnlich einem Preloader, abgespielt werden.
  - Die Idee war es, die Schulnoten von 1 bis 2 aus 2 Grammophonen fliegen zu lassen. Die dazu notwendigen Design-Elemente wurden von der Graphik-Designerin erstellt, und die Animation in Flash umgesetzt.
- Zwei farblich verschiedene Rollover-Effekte bei der Navigation unten und oben
  - Bei der Navigation oben verändert sich die Farbe von grau zu blau, bei der Navigation unten von grau zu rot, was einem klassischen Rollover-Effekt entspricht.
- Die Fotos bzw. Bilder, die sich jeweils in der Mitte, links vom Text befinden, sollten mit Hilfe einer kleinen Animation sichtbar gemacht werden.
  - Dazu werden diese Anfangs von einer weißen Fläche überdeckt, die sich dann von außen nach innen verkleinert und unsichtbar wird.

Nach der Fertigstellung des Flash-Filmes wurde dieser in eine HTML-Seite eingebunden. Da jetzt aber zwei Versionen der Webseite vorhanden waren, musste eine vorgeschaltete Seite erstellt werden, die eine Auswahl zwischen den Versionen ermöglichen sollte. Die Graphik-Designerin erstellte noch eine zusätzliche Graphik, um die Auswahlseite aufzulockern.

Pünktlich zum Meilenstein Review am 21. Dezember 2007 wurde die Lösung dem Auftraggeber präsentiert und auf den bereits vorhandenen Webspace geladen.

Weitere Tätigkeit in dieser Projektphase war das Finden einer Druckerei, um das Briefpapier, die Visitenkarten, die Plakate, Flyer und Firmenschilder drucken zu lassen. Diese Druckerei sollte kostengünstig sein und termingerecht die fertigen Produkte liefern können, sodass der Abnahmetermin am 20. Dezember 2007 eingehalten werden könnte.

5.3.2 Probleme und Lösungen

Problematisch bei der Flash-Version war es erstens, sicher zu stellen, dass

- Java Script aktiviert ist, da die Plugin-Abfrage auf Java Script basiert und ansonsten auch kein Flash angezeigt wird und zweitens, dass
- die richtige Flash-Version auf dem Rechner der User vorhanden ist.

Zur Lösung des ersten Problems wurde eine Java Script Abfrage integriert. Dazu wird folgende Abfrage, die direkt im body auf der vorgeschalteten Seite enthalten ist, durchgeführt.

<script language=""> document.location=*'test/plugin.htm'*; </script>

Wenn Java Script aktiviert ist, wird die nächste Seite zur Plugin-Abfrage aufgerufen, ansonsten wird die vorgeschaltete Seite mit den Anweisungen zum Aktivieren von Java Script angezeigt.

Zur Lösung des zweiten Problems wurde eine Plugin-Abfrage integriert, die auf Java Script basiert. Wenn das Plugin neu genug ist, wird der Flash-Film abgespielt, ansonsten wird auf eine Alternativseite weitergeleitet und dort die Anweisungen zur Installation eines geeigneten Flash-Plugins gegeben.

Probleme bei den verschiedenen Druckereien waren unter anderem, dass

- diese zu teuer waren,
- nur ab einer bestimmten Stückzahl den Auftrag annehmen wollten,
- zu weit weg waren oder
- nicht termingerecht liefern würden.

Die Lösung des Problems ergab sich nach einer Besprechung mit der Graphik-Designerin. Da diese mit dem Chef der Druckerei Hirschlinger in Braunau befreundet ist, war die Aufgabe des Findens einer geeigneten Druckerei schnell gelöst. Aufgrund der Freundschaft wurde der Druck kostengünstig und schnell erledigt. Der Abnahmetermin am 20. Dezember konnte somit ohne Probleme eingehalten werden.

5.3.3 Teilergebnisse

Zu den Teilergebnissen dieser 3 .Projektphase gehören:

- Die HTML-Version des Online-Auftritts,

- die Flash-Version des Online-Auftritts und
- die gedruckten Visitenkarten, Briefpapiere, Plakate, Flyer und Firmenschilder

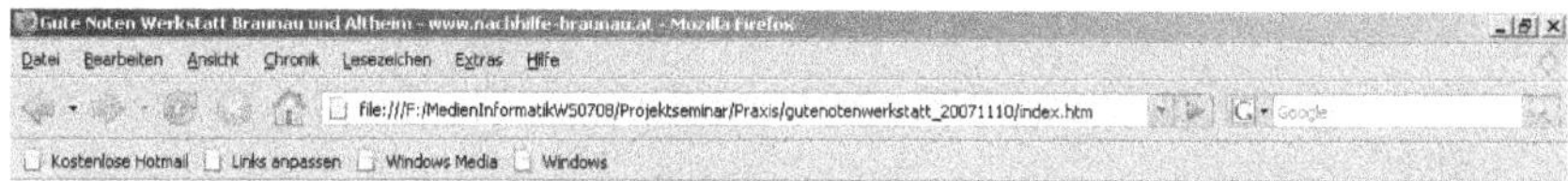

Abb. 5.3.3.1 Screenshot „Vorgeschaltete Seite für Auswahl zwischen Flash- und HTM-Version"

Abb. 5.3.3.2 Screenshot HTML-Version des Online-Auftritts „Unsere Philosophie“

Abb. 5.3.3.3 Screenshot Flash-Version des Online-Auftritts „Unsere Philosophie"

Abb. 5.3.3.4 Screenshot vom Preloader auf Flash-Version des Online-Auftritts

Anmeldung und Beratung

Mo - Fr 14 - 17 Uhr sowie nach Vereinbarung

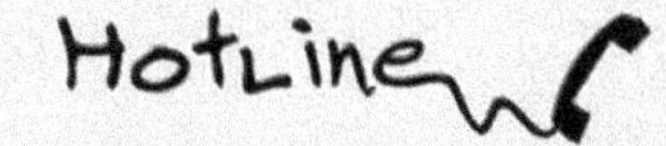

07722 / 67722

www.nachhilfe-braunau.at

Abb. 5.3.3.5 Firmenschild „Gute Noten Werkstatt Braunau Lernbetreuung“

BERATUNGSSTELLE
FÜR LEGASTHENIE, DYSKALKULIE
UND TEILLEISTUNGSSCHWÄCHEN

Termine nach Vereinbarung

Legasthenie HotLine 07722 / 67722

Roland Eichlberger Diplomierter Legasthenietrainer

Web www.nachhilfe-braunau.at

Abb. 5.3.3.6 Firmenschild „Gute Noten Werkstatt Braunau Legasthenie“

- Effektiver Unterricht in Kleinstgruppen mit maximal 3 Schülern
- Nach Vereinbarung auch Einzelunterricht möglich
- Optimale Lernbetreuung von der Grundschule bis zur Matura
- Maßgefertigte Lernhilfe genau bis zum Erfolg
- Keine sinnlosen Bindungsfristen

Unser Kursangebot auf einen Blick

Mathematik, Deutsch, Englisch, Latein, Französisch, Italienisch Spanisch und Darstellende Geometrie.

Buchführung, Rechnungswesen, Wirtschaftsmathematik, BWL

Wirtschaftsinformatik, Webentwicklung, Word, Excel, Access Powerpoint, weitere Fächer auf Anfrage

Stadtplatz 3 1.Stock
5280 Braunau am Inn

Anmeldung und Beratung
Mo - Fr 14 - 17 Uhr sowie nach Vereinbarung

www.nachhilfe-braunau.at

Abb. 5.3.3.7 A3 Plakat-Werbung für den A3 Ständer vor dem Gebäude des Nachhilfeinstituts – Lernbetreuung

BERATUNGSSTELLE
FÜR LEGASTHENIE, DYSKALKULIE
UND TEILLEISTUNGSSCHWÄCHEN

Legasthenie-Testverfahren und Profilerstellung
Termine nach Vereinbarung

Legasthenie, ein kurzer Überblick

Die Lese- und Rechtschreibschwäche (Legasthenie) gehört wohl zur häufigsten und momentan aktuellsten Problematik im hektischen Schulalltag.

Das Verstehen der Ursache, die in verschiedensten Bereichen liegen kann, ist die wichtigste Voraussetzung für eine erfolgreiche Förderung.

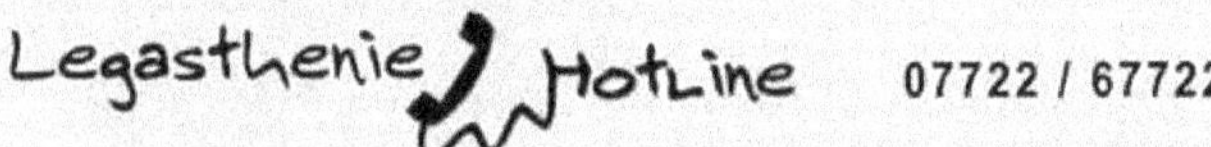

Roland Eichlberger Diplomierter Legasthenietrainer

Anmeldung und Beratung

Stadtplatz 3 1.Stock
5280 Braunau am Inn

www.nachhilfe-braunau.at

Abb. 5.3.3.8 A3 Plakat-Werbung für den A3 Ständer vor dem Gebäude des Nachhilfeinstituts – Legasthenie

5.4 Projektphase 4

5.4.1 Tätigkeitsbeschreibung

Die Haupttätigkeiten der vierten Projektphase waren

- die Auswahl eines E-Learning Systems und die Auswahl eines Webkonferenzsystems

- das Testen der ausgewählten Systeme und dazu die gleichzeitige Erstellung einer Dokumentation, die als Handbuch genutzt werden kann mit Angaben
  - zur Installation,
  - den Programmfeatures,
  - einer Beschreibung aus der Sicht der Administration und
  - einer Beschreibung aus der Sicht der verschiedenen Benutzerkreise
- und die anschließende Implementierung auf der Webseite.

5.4.2 Probleme und Lösungen

Die größten Probleme, die in dieser Projektphase auftraten, waren

- das Auswählen von geeigneten E-Learning Systemen und
- das Entscheiden für ein bestimmtes E-Learning System.

Um geeignete E-Learning Systeme auswählen zu können, wurden Internetquellen herangezogen, die eine Evaluierung anhand von verschiedenen Qualitätskriterien wie

- Installationsaufwand,
- Handhabung und Administration,
- Preis & Lizenz,
- Kommunikation und Kollaboration,
- Content-Generierung wie online, offline oder Speicherung und Verwaltung von beliebigen Inhalten,
- Usability wie Lernaufwand und Dokumentation,
- Didaktik wie kooperative Content-Generierung oder Berücksichtigung von E-Learning Standards,
- Vorhanden sein von deutschsprachigen Foren, etc. bereits durchgeführt haben.

Weiters mussten die vom Auftraggeber angegebenen Anforderungen an das E-Learning System berücksichtigt werden:

- Es muss ein kostenloses Open Source System sein,
- als Kommunikationsmöglichkeiten mindestens Forum und Chat anbieten,

- die Möglichkeit, Überprüfungen in Form von Lückentexten oder Multiple Choice Fragen generieren zu können,
- es soll einfach zu administrieren und von den Lehrkräften ohne lange Einschulungszeit einfach zu bedienen sein,
- es muss für Lernende leicht zu bedienen und übersichtlich sein, damit diese sich sofort zurechtfinden.
- Das E-Learning System darf keine besonderen Hardwareanforderungen an Client und Server stellen. Es muss auf einem Shared Hosting Webspace mit PHP-Unterstützung und MySQL-Datenbank lauffähig sein.

Unter Berücksichtigung dieser Forderungen wurden zahlreiche Recherchen, Vergleiche und Tests im Internet durchgeführt.

Auf [virtual-learning 2005], einer Initiative von bildung.at, wurde eine umfassende Evaluierung der am Markt befindlichen E-Learning Systeme im Bildungsbereich durchgeführt. Die Ergebnisse sind in einer Vergleichsmatrix auf der Website [bildung.at 2006] als pdf Download mit dem Titel „bm:bwk-Empfehlung Lernplattformen" zur Verfügung bereit gestellt.

Eine weitere Evaluierung mit dem Titel „Evaluation of Open Source Course Platforms" war auf der Webseite [edutech 2005] zu finden. Dort wurden unter anderem so genannte „Killer criteria" festgelegt wie z.B. eine fehlende Unterstützung für Mehrsprachigkeit oder eine fehlende Dokumentation, die für eine Aussortierung sorgten. Die nach der Vorsortierung noch übrigen Systeme wurden genauestens untersucht, und die Ergebnisse online gestellt.

Eine ebenfalls sehr interessante Website [lmsnews 2007], die einen unabhängigen Überblick, aus didaktischer und technischer Sicht, über die aktuellen Open-Source Systeme mit deutscher Version gibt, wurde ebenfalls zur Entscheidungshilfe herangezogen.

Weiters wurde die Möglichkeit genutzt, die verschiedenen Systeme über die Webseiten der entsprechenden Anbieter als Demo und über die Webseite [Opensource 2007] testen zu können.

Für den Vergleich der E-Learning Systeme anhand der vom Auftraggeber vorgegebenen Anforderungen wurden nur diejenigen Systeme ausgewählt und getestet, die es bei allen Evaluierungen jeweils bis zur Endphase geschafft hatten.

Dazu gehörten die folgenden

- ATutor [ATutor 2005], [ATutor 2007],
- Claroline [Claroline 2005], [Claroline 2007],
- dotLRN [dotLRN 2007],
- Ilias [Ilias 2005], [Ilias 2007]
- Moodle [Moodle 2005], [Moodle 2007], [Moodle 2007a], [Moodle 2007b], [Moodle 2007c] und

- StudIP [StudIP 2005], [StudIP 2007]

Die Entscheidung fiel dann aber letztendlich auf das E-Learning System Moodle, weil es alle vom Auftraggeber gestellten Anforderungen erfüllt.

- Es ist ein Open Source System unter der GNU General Public License,
- Es bietet die gewünschten Kommunikationsmöglichkeiten Forum und Chat an, darüber hinaus aber auch noch einige mehr,
- die Möglichkeit Überprüfungen in Form von Lückentexten oder Multiple Choice Fragen generieren zu können,
- Die Administration ist übersichtlich und leicht verständlich: Mit dem Druck auf den „Edit Button" lässt sich jederzeit die aktuelle Seite editieren oder umbauen,
- Moodle hat keine besonderen Hardwareanforderungen an Client und Server. Für eine ordnungsgemäße Installation sind eine PHP-Unterstützung und eine MySQL-Datenbank erforderlich und dank Installationsroutine ist die Installation äußerst simpel.

Diese Anforderungen würden aber auch andere E-Learning Systeme erfüllen. Die wirklich ausschlaggebenden Gründe, warum Moodle gewählt wurde, sind

- die lobenswerten Dokumentationen, die sehr umfangreich sind. Dabei gibt es rollenbasierte Dokumentationen für die Administration und Kursleiter/in.
- In der Plattform wird für nahezu jede Einstellung im System eine Hilfestellung angeboten.
- Ein kostenloses, deutschsprachiges Forum, welches Support bietet. Und eine große Community mit über 100.000 registrierten Nutzern sowie ein Netzwerk weltweiter Partner für Hosting, Installationshilfe, Support oder Entwicklungsunterstützung unter der Webseite [Moodle 2007c]
- Durch die weltweite und besonders starke Verbreitung des Lernmanagementsystems kann man sicher sein, dass dieses noch lange weiterentwickelt, verbessert und immer wieder um neue Funktionen erweitert wird.
- Da Moodle streng modular aufgebaut ist, kann es um Module und Plugins zur individuellen Anpassung erweitert werden. Es gibt zahlreiche Webseiten, die neue Module und Plugins anbieten.
- Es gibt die Möglichkeit, Kursräume für einen bestimmten Zeitraum zu mieten, um überprüfen zu können wie das Angebot angenommen wird, bevor man einen entsprechenden Hosting-Anbieter sucht.

Ähnlich Probleme ergaben sich anfangs auch bei der Auswahl eines geeigneten Webkonferenzsystems aufgrund der Anforderungen des Auftraggebers.

- Zumindest in der Testphase muss das Webkonferenzsystem kostenlos verwendbar sein.
- Es soll, ähnlich wie bei Moodle, möglich sein, einen fertig konfigurierten Server zu mieten, um überprüfen zu können, ob der Service auch angenommen wird.
- Es muss einfach zu administrieren und von den Lehrkräften ohne lange Einschulungszeit einfach zu bedienen sein,
- Es muss für Lernende leicht zu bedienen und übersichtlich sein, damit diese sich sofort zurechtfinden.
- Es muss webbasiert und plattformunabhängig sein.
- Es muss eine deutsche Version geben.

Also wurde auch hier das Internet zu Rate gezogen und in der Suchmaschine Google nach Webkonferenztools gesucht. Die größten Probleme waren aber dadurch gegeben, dass es zwar viele solcher Tools gibt, diese aber nicht kostenlos sind, oder wenn sie kostenlos sind, dann nicht in deutscher Sprache vorliegen oder Teile der anderen Anforderungen nicht erfüllen.

Letztendlich wurde das Webkonferenzsystem Spreed entdeckt, das als „spreed free" Service für drei Teilnehmer kostenlos auf einem vorkonfigurierten Server genutzt werden kann. Die Teilnehmerbeschränkung war kein Problem, da das Webkonferenzsystem nur als Zusatzservice zur individuellen Prüfungsvorbereitung im Einzelunterricht oder, wenn dies gewünscht wird, mit maximal zwei Teilnehmenden der gleichen Klasse dienen soll.

Um die Dokumentation von Moodle erstellen zu können, wurde dieses probeweise lokal installiert,

- um die Sicht des Administrators darstellen und schriftlich festhalten zu können und
- um einen guten Überblick über die Programmfeatures zu bekommen.

Für die Sichtweisen der verschiedenen Benutzerkreise wurden Testpersonen hinzugezogen.

- In Zusammenarbeit mit zwei Lehrkräften wurde das Anlegen von Kursen getestet. Dazu wurde der Vorgang zuerst vom Projektleiter durchgeführt und mit Screenshots von diesem dokumentiert. Die beiden Lehrkräfte versuchten dann mit einer kurzen Einschulung und der Hilfe der Dokumentation, selbst Kurse anzulegen. So konnte genau analysiert werden, welche Punkte noch in die Dokumentation mit aufgenommen werden mussten.
- Dieselbe Vorgehensweise wurde auch bei den Benutzern des Systems, also den Lernenden, durchgeführt. Dazu wurden bestehende Kunden verschiedener Altersgruppen, die sich bereit erklärt hatten an dem Test teilzunehmen, kurz eingeschult und dann beobachtet, wie sie sich im System zurechtfinden. Damit konnte festgestellt werden, welche Punkte in die Dokumentation aufgenommen werden mussten.

Gleiches wurde auch bei der Dokumentation von spreed durchgeführt. Einziger Unterschied ist hier das Ersparen der Installation, da das System über einen vorkonfigurierten Server genutzt werden kann.

Begonnen wurde hierbei mit der Dokumentation der Registrierung, die die Lehrkräfte, die eine Konferenz erstellen wollen, zu Beginn durchführen müssen.

Als nächstes wurde vom Projektleiter probeweise eine Webkonferenz eingerichtet, und die genaue Vorgehensweise wieder mit Screenshots dokumentiert. Anschließend legten auch zwei Lehrkräfte anhand der Dokumentation je eine Webkonferenz an. So konnte die Dokumentation durch Beobachten noch gezielter angepasst werden.

Danach wurde mit zwei freiwilligen Teilnehmenden eine Testkonferenz durchgeführt, und die Dokumentation um zusätzliche Inhalte wie

- das Starten einer Konferenz,
- das Beitreten zu einer Konferenz,
- das Screensharing,
- das Hinaufladen von Dokumenten,
- das Beenden einer Konferenz und
- das Herunterladen von Aufzeichnungen zur Konferenz erweitert.

5.4.3 Teilergebnisse

Zu den Teilergebnissen dieser 4 .Projektphase gehören:

- die Dokumentation von Moodle zur Nutzung als Handbuch für die Mitarbeiter/innen,
- die Dokumentation von Spreed zur Nutzung als Handbuch für die Mitarbeiter/innen und
- die Erreichbarkeit der Systeme über die Webseite

Die entsprechenden Dokumentationen

- 94-seitige Dokumentation der E-Learning Plattform „Moodle“ und
- 36-seitige Dokumentation des Webkonferenzsystems „Spreed“

werden separat als Worddokumente bzw. PDF-Dokumente eingereicht.

6 Gesamtergebnis

6.1 Überblick über die erreichten Projektziele

Erreichte Projektziele	Zusätzlich dazu erreicht
Mindestens 5 verschiedene Namensvorschläge	
Neue Corporate Identity (CI)	
Alle notwendigen Texte	
Neue Webauftritte (HTML- und Flash-Version)	
Auswahl, Test und Dokumentation eines LCMS Learning Content Management System	Das LCMS kann durch das Mieten von Kursräumen getestet werden, um überprüfen zu können, ob und wie gut der Service von den Kunden angenommen wird.
Auswahl, Test und Dokumentation eines Webkonferenzsystems	Auswahl eines Webkonferenzsystems, das für 2 Teilnehmende kostenlos genutzt werden kann. Somit besteht die Möglichkeit zu testen, ob und wie gut sich der Service rentiert.

Tabelle 6.1.1 Überblick über die erreichten Projektziele und was zusätzlich erreicht wurde

6.2 Überblick über die nicht erreichten Projektziele

Nicht erreichte Projektziele	Gründe für nicht Erreichen
Implementierung des LCMS auf eigenem Webserver	Wunsch des Auftraggebers, um überprüfen zu können, ob sich der Service rentiert.
Implementierung des Webkonferenzsystems auf eigenem Webserver	Wunsch des Auftraggebers, um überprüfen zu können, ob sich der Service rentiert.

Tabelle 6.2.1 Überblick über die nicht erreichten Projektziele mit Begründung

7 Resümee und Ausblick

Um die Hauptaufgabe dieses Projektes, die Etablierung des Nachhilfeinstituts „Studienkreis“, optimal erfüllen zu können, musste die aktuelle Marktsituation des Unternehmens ermittelt werden. Besonders interessant hierbei war die Zusammenarbeit mit dem Projektteam der Abend HAK Braunau, mit deren Hilfe speziell abgestimmte Fragebögen entwickelt und damit eine Umfrage durchgeführt wurde.

Bei der gemeinsamen Auswertung stellte sich schnell heraus, dass das vorrangige Ziel nicht eine Etablierung, sondern eine komplette Neustrukturierung des bestehenden Nachhilfeinstituts bedeuten sollte, und spezielle Service-Angebote gefunden werden müssten, um das Institut vom bestehenden Konkurrenzunternehmen positiv abzuheben.

Durch die Umfragenauswertung war es für den Auftraggeber ein Leichtes, die grundsätzlichen Projektziele wie

- Neuer Firmenname,
- neue Corporate Identity,
- neue Online-Auftritte festzulegen.

Als spezielles Service-Angebot wollte der Auftraggeber einen neuen Geschäftsbereich, das Durchführen von Legasthenietests und Legasthenietraining, aufnehmen, der auch auf der Webseite unter einem eigenen Punkt zu finden sein sollte.

Des Weiteren ließ sich der Auftraggeber von den Vorteilen des E-Learnings als zusätzliche Einnahmequelle und spezielles Angebot, um das Institut von der Konkurrenz abzuheben, überzeugen. Es wurde vereinbart, sowohl ein Webkonferenzsystem als auch ein E-Learning System auszuwählen, Handbücher zu verfassen und beide Systeme in einem Zeitraum von sechs Monaten zu testen, um herauszufinden wie dieser Service angenommen wird.

In der Zeit vom 29. Oktober 2007 bis zum 20. Dezember 2008 wurden in Zusammenarbeit mit einer Graphikdesignerin und einer Texterin die grundsätzlichen Projektziele, einschließlich des Punktes Legasthenie als spezielles Service-Angebot, ohne große Schwierigkeiten umgesetzt.

Eine echte Herausforderung war dann das Auswählen eines E-Learning Systems und eines Webkonferenzsystems aus den so zahlreichen am Markt Befindlichen, das darauf folgende Testen und das Erstellen der Handbücher. Nach zahlreichen Recherchen und Demotests wurden das Webkonferenzsystem Spreed und das E-Learning System Moodle ausgewählt.

Besonders interessant war es zu beobachten wie die Zielgruppen, ausgewählte Lehrkräfte und Lernende, mit Hilfe der Handbücher mit den beiden Systemen umgegangen sind. Immer wieder mussten bei den Handbüchern Ergänzungen gemacht werden, weil Beschreibungen zu ungenau gewesen waren, oder Screenshots für das bessere Nachvollziehen gefehlt hatten.

Nachdem die Handbücher am 15. Jänner endlich fertig gestellt waren, gingen die beiden Systeme in eine sechsmonatige Testphase. Dabei wird beim Webkonferenzsystem Spreed der kostenfreie Service spreed free genutzt, bei Moodle wurde die Möglichkeit genutzt, einen Kursraum zu mieten.

Jetzt bleibt abzuwarten, ob das E-Learning angenommen wird, und sich der Einsatz der beiden Systeme finanziell rentiert. Ist dies der Fall, muss beim Webkonferenzsystem überprüft werden, ob es notwendig ist, auf den kostenpflichtigen Service umzusteigen, oder ob der kostenfreie Service ausreichend ist. Beim E-Learning System Moodle müsste ein Hosting-Anbieter gesucht werden, der die Systemvoraussetzungen erfüllt und Moodle dann dort installiert und konfiguriert werden.

8 Literaturverzeichnis

[ATutor 2007] ATutor Learning Content Management System. „*Projekthomepage des Elearningsystems*“ WWW-Präsentation, 2007. http://www.atutor.ca/

[ATutor 2005a] ATutor Testbericht. „*ATutor 1.5.1 Testbericht*“ WWW-Präsentation, 2005. http://www.lmsnews.com/modules/content/index.php?id=5

[bildung.at 2006] bildung.at. Das eLearning Portal. „*Empfehlungen und Spezifikationen*“ WWW-Präsentation, 2006. http://www.bildung.at/ext/bmbwk/downloads.php

[Claroline 2005] Claroline Testbericht. „*Claroline 1.7.0 Testbericht*“ WWW-Präsentation, 2005. http://www.lmsnews.com/modules/content/index.php?id=10

[Claroline 2007] Claroline.NET. „*Projekthomepage des Elearningsystems* “WWW-Präsentation, 2007. http://www.claroline.net/

[dotLRN 2007] dotLRN.org. „*Projekthomepage des Elearningsystems* “WWW-Präsentation, 2007. http://www.dotlrn.org/

[Ilias 2005] Ilias Testbericht. „*Ilias 3.6.4 Testbericht*“ WWW-Präsentation, 2005. http://www.lmsnews.com/modules/content/index.php?id=31

[Ilias 2007] Ilias.de. „*Projekthomepage des Elearningsystems* “WWW-Präsentation, 2007. http://www.ilias.de/

[LMSNews 2005] LMSNews.com. „*Überblick über alle aktuellen Open-Source Systeme mit deutscher Version*“ WWW-Präsentation, 2007. http://www.lmsnews.com/modules/news/

[edumoodle 2007] edumoodle. „*Projekt des österreichischen Bildungsministeriums*“ WWW-Präsentation, 2007. http://www.edumoodle.at/moodle/

[edutech 2005] edutech.ch. „*Evaluation of Open Source Learning Management Systems - 2005*“ WWW-Präsentation, 2005. http://www.edutech.ch/lms/ev3/index.php

[e-teaching 2007] e-teaching.org. „*Spreed Steckbrief*“ WWW-Präsentation, 2007. http://www.e-teaching.org/technik/produkte/spreedsteckbrief

[Moodle 2005] Moodle Testbericht. „*Moodle 1.5.3 Testbericht*“ WWW-Präsentation, 2005. http://www.lmsnews.com/modules/content/index.php?id=25

[Moodle 2007] Moodle. „*Projekthomepage des Elearningsystems*“ WWW-Präsentation, 2007. http://www.moodle.org

[Moodle 2007a] Moodle. „*DIALOGE präsentiert: moodle in Deutschland*“ WWW-Präsentation, 2007. http://www.moodle.org

[Moodle 2007b] Moodle. „*Software Moodle auf CampusSource*“ WWW-Präsentation, 2007. http://www.campussource.de/software/moodle/

[Moodle 2007c] Moodle. „*Moodle Service Network*“ WWW-Präsentation, 2007. www.moodle.com

[Opensource 2007] Open Source CMS. „*Try Before You Install*“ WWW-Präsentation, 2005. http://www.opensourcecms.com/

[Spreed 2007] Spreed.com. „*Meetings, Konferenzen, Trainings und Support*" WWW-Präsentation, 2007. http://spreed.com//?set_language=de

[Spreed 2007a] Spreed.com. „*präsentieren, beraten, zusammenarbeiten, schulen. Jederzeit, überall – auf Knopfdruck*" Broschüre, 2007. http://spreed.com/help/Info-Material/spreedcomBroschuere_En.pdf/de

[StudIP 2005] StudIP Testbericht. „*StudIP 1.2.0 Testbericht*" WWW-Präsentation, 2005. http://www.lmsnews.com/modules/content/index.php?id=11

[Stud.IP 2007] StudIP.de. „*Projekthomepage des Elearningsystems*" WWW-Präsentation, 2007. http://www.studip.de/

[virtual-learning 2007] virtual-learning. „*Evaluation von Lernplattformen für den Einsatz im österreichischen Bildungsbereich*" WWW-Präsentation, 2007. http://virtual-learning.qualifizierung.com/community/

[Wikipedia 2007] Wikipedia. „*Claroline* " WWW-Präsentation, September 2007. http://de.wikipedia.org/w/index.php?title=Claroline&oldid=37144652

9 Abbildungsverzeichnis

MD H
MEDIADESIGN HOCHSCHULE FÜR DESIGN UND INFORMATIK
UNIVERSITY OF APPLIED SCIENCES

10 Tabellenverzeichnis

Dokumentation des E-Learning Systems Moodle

Teil des Projektberichtes für das Modul „12.1 Praxisprojekt"
Tamara Rachbauer, MI 100501
Letzte Änderung: Donnerstag, 10. Jänner 2008

Inhaltsverzeichnis

MD H
MEDIADESIGN HOCHSCHULE
FÜR
DESIGN
UND
INFORMATIK
UNIVERSITY OF
APPLIED
SCIENCES

MD H
MEDIADESIGN HOCHSCHULE
FÜR
DESIGN
UND
INFORMATIK
UNIVERSITY OF
APPLIED
SCIENCES

MD H
MEDIADESIGN HOCHSCHULE FÜR DESIGN UND INFORMATIK
UNIVERSITY OF APPLIED SCIENCES

MD H
MEDIADESIGN HOCHSCHULE
FÜR
DESIGN
UND
INFORMATIK
UNIVERSITY OF
APPLIED
SCIENCES

1 Zusammenfassung

Diese Dokumentation über das Learning Course Management System „Moodle" soll als Handbuch für die Lehrkräfte des Nachhilfeinstituts „Gute Noten Werkstatt" dienen und diese bei der Einschulung der Lernenden unterstützen.

Der Abschnitt 2 gibt einen kurzen Systemüberblick mit einer Betrachtung der geschichtlichen und technischen Entwicklung, den Voraussetzungen zum technischen Betrieb und dem zum Tragen kommenden Lizenzmodell.

Danach folgt im Abschnitt 3 eine genaue Beschreibung zur Vorgehensweise der Installation von Moodle auf einem Apache-Server mit einer MySQL-Datenbank. Dabei werden sowohl die Installationsvoraussetzungen wie auch der Installationsablauf beschrieben. Zusätzlich wird noch auf die lokale Testinstallation mittels XAMPP eingegangen.

In einem weiteren Abschnitt 4 werden ein Überblick und eine kurze Beschreibung über die verschiedenen Programmmodule gegeben.

Der letzte Abschnitt 5 beschäftigt sich mit den verschiedenen Rollen in Moodle, deren Aufgaben und Berechtigungen.

2 Systemüberblick

Der Begriff „Moodle" ist eine Abkürzung für Modular Object Oriented Dynamic Learning Environment, es ist sozusagen eine aus einzelnen Modulen (ähnlich dem Baukastenprinzip) aufgebaute, objektorientierte und dynamische Lernumgebung.

Laut [Moodle 2007] ist Moodle ein so genanntes Course Management System, kurz CMS, und dient dazu, ausbildende Einrichtungen wie Schulen, Universitäten etc. bei der Erstellung hochqualitativer Online-Kurse zu unterstützen.

Moodle ist als Open Source Software unter der GNU General Public License [GNU 2007] erhältlich, das heißt, dass es für nicht-kommerzielle Zwecke kostenlos eingesetzt und auch modifiziert werden darf.

Das CMS ist mit PHP programmiert und kann laut [Moodle 2007] auf allen Betriebssystemen genutzt werden, die PHP unterstützen. Dementsprechend kann Moodle also auf Unix, Linux, Windows, MacOS, Netware und allen anderen Betriebssystemen mit PHP-Unterstützung installiert werden. Die Daten selbst werden in einer Datenbank abgespeichert. Hierbei werden MySQL und PostgreSQL laut [Moodle 2007] am besten unterstützt, aber auch Oracle, Access, Interbase, ODBC oder andere Datenbanken können verwendet werden.

Die Moodle-Gemeinschaft auf [Moodle 2007] schlägt einen Linux basierten Webserver mit Apache und installiertem PHP vor. Nichtsdestotrotz wäre aber z. B. auch ein Microsoft Internet Information Server MS IIS möglich.

Der Chefentwickler von Moodle ist Martin Dougiamas, in den 90iger Jahren Webmaster bei der Curtin University of Technology, der aus Enttäuschung über die kommerziellen Lernmanagementsysteme das Projekt Moodle startete. Am 20. August 2002 wurde nach zahlreichen Prototypstadien das Release Moodle 1.0 veröffentlicht.

Die e-Learning Plattform Moodle befindet sich seitdem in ständiger Weiterentwicklung, regelmäßig werden neue Funktionen hinzugefügt. Dies ist vor allem der Tatsache zu verdanken, dass das System Open Source ist und eine große Community aus freiwilligen Helfern hinter sich hat, die laufend neue Module bzw. Plugins hinzufügen. Diese können separat herunter geladen und installiert werden.

Als Kommunikationsplattform der Moodle-Community wird vor allem die Webseite Moodle.org [Moodle 2007] verwendet.

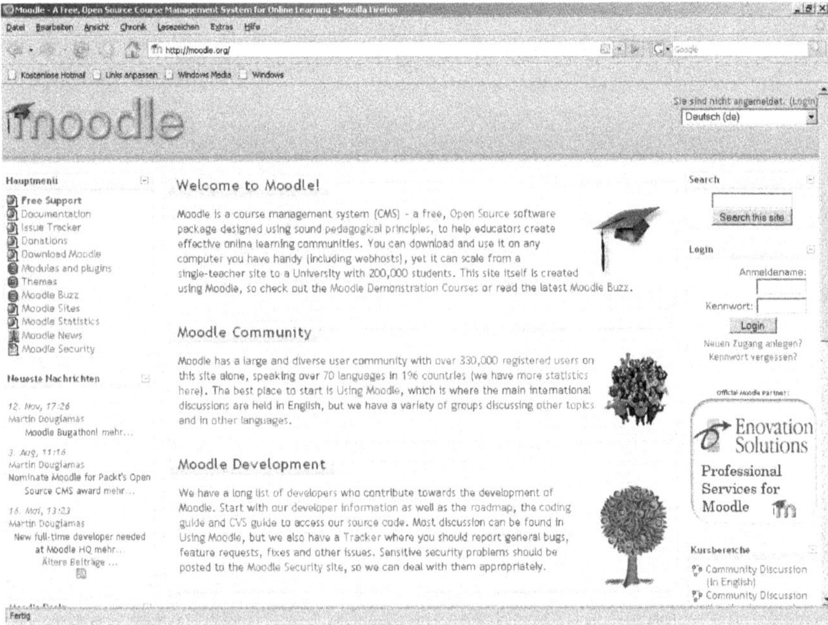

Abb.2.1 Screenshot „Moodle.org Portalseite", basierend auf Moodle-Technologie

Unter [Moodle 2007] stehen zurzeit 74 verschiedene Sprachpakete zum Download zur Verfügung, darunter auch verschiedene Deutschversionen, die als eigene Module herunter geladen und parallel in einem System installiert werden können. Der Benutzer kann so seine bevorzugte Systemsprache auswählen.

Im Jahr 2003 wurde das Unternehmen moodle.com [Moodle 2007c] gegründet, das zusätzlich kostenpflichtigen Support wie z. B. Webhosting mit vorinstalliertem Moodle-System anbietet.

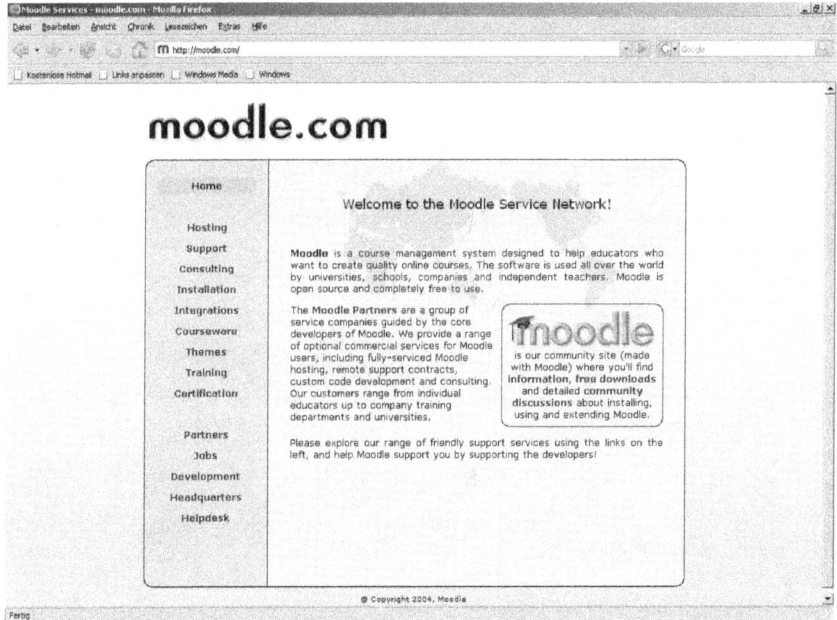

Abb.2.2 Screenshot „Moodle.com Startseite"

Die aktuelle Version 1.8.3 (Stand Oktober 2007) steht seit dem 11. Oktober 2007 unter Moodle.org zum Download bereit.

3 Installation von Moodle

3.1 Installationsvoraussetzungen

3.1.1 Hardware

Laut [Moodle 2007] sind folgende Anforderungen an die Hardware des Webservers und somit an den Provider zu stellen:

- **Arbeitsspeicher**: 256MB RAM gelten als Minimum, empfohlen werden 1 GB RAM je 40-50 zeitgleichen Nutzern von Moodle.

- **Festplattenplatz**: 160MB gelten hier als Minimum. Moodle benötigt je nach Anzahl der installierten Sprachen zwischen 35 und 60 MB freien Festplattenplatz. Zusätzlich benötigt man

noch freien Festplattenplatz für die einzelnen Kurse, wobei die Größe hier stark von der Art des eingesetzten Materials bzw. den eingesetzten Medien abhängt.

3.1.2 Software

Laut [Moodle 2007] sind folgende Anforderungen an die Software des Webservers und somit auch an den Provider zu stellen:

- **Webserver Software**: Empfohlen wird Apache als Serversoftware. Moodle sollte aber auch unter jeder Serversoftware laufen, die PHP unterstützt, z.B. IIS auf Windows Plattformen.

- **PHP Scriptsprache**: PHP4 (Version 4.3.0 oder höher) oder PHP5 (Version 5.1.0 oder höher).

- **PHP Einstellungen:**

  - Safe Modus muss ausgeschaltet sein. „safe_mode OFF“
  - „memory_limit“ sollte mindestens auf 40MB gesetzt sein. Große Seiten können auch mehr als 128 MB erfordern.
  - „session.save_handler“ muss auf „files“ gesetzt werden.
  - „max_execution_time“. Dieser Wert sollte deutlich über die häufig gesetzten „30“ gesetzt werden z. B. auf „600“.

- **PHP Erweiterungen und Bibliotheken:**

  - „mbstring“ ab Moodle-Version 1.6.
  - „Iconv“ Erweiterung.
  - „GD Library“ und „FreeType 2“ Library und Erweiterungen.
  - „Mysql-Erweiterung“ falls MySQL als Datenbank verwendet wird.
  - „Pgsql-Erweiterung“ bei Verwendung von PostgreSQL als Datenbank.
  - „Zlib-Erweiterung“ für die zip/unzip Funktionen.
  - „Curl“ für Moodle 1.8 oder höher.
  - „Tokenizer-Erweiterung“ ab Version 1.8.
  - „Curl- und Openssl-Erweiterungen“ für die Moodle Netzwerk-Funktionen (Moodle 1.8 oder höher).

- Andere PHP Erweiterungen können erforderlich sein, um weitere Funktionen zu nutzen z.B. für die LDAP-Anbindung oder bestimmte Chat-Funktionen.

- **Datenbank auf dem Server:** MySQL oder PostgreSQL werden vollständig unterstützt und empfohlen für jede Moodle-Version. Microsoft SQL Server und Oracle werden seit der Version Moodle 1.7 unterstützt.

  - Für Moodle 1.5 oder spätere Versionen:
    - MySQL ab Version 3.23 oder
    - PostgreSQL ab Version 7.4.
  - Für Moodle 1.6 oder spätere Versionen:
    - MySQL ab Version 4.1.12 oder
    - PostgreSQL ab Version 7.4.
  - Für Moodle 1.7 oder spätere Versionen:
    - MySQL ab Version 4.1.16,
    - PostgreSQL ab Version 7.4 oder
    - Microsoft SQL Server 2005 Version 9 oder SQL Server Express 2005.

3.2 Installationsablauf

Sind die Installationsvoraussetzungen erfüllt, ist die eigentliche Installation laut [Moodle 2007] in einigen Schritten durchgeführt.

1. Moodle kann direkt von der Download-Seite [Download.Moodle 2007] als komprimiertes Archiv herunter geladen werden.

2. Nach dem Herunterladen und Entpacken des Archivs gibt es einen Ordner „moodle", den man z. B. mittels FTP auf den Webspace des Providers kopieren muss, mit folgendem Inhalt:

moodle

Markieren Sie ein Objekt, um seine Beschreibung anzuzeigen.

admin	error	lib	rss	help.php
auth	files	login	search	index.php
backup	filter	message	sso	install.php
blocks	grade	mnet	theme	README.txt
blog	group	mod	user	tags
calendar	install	my	userpix	version.php
course	iplookup	pix	config-dist.php	
enrol	lang	question	file.php	

Abb.3.2.1 Screenshot „Inhalt des Ordners Moodle – Standard Moodle Distribution"

3. Zusätzlich muss ein Verzeichnis „moodledata“ außerhalb des „moodle“-Ordners angelegt werden.

4. Ebenso muss eine neue leere Datenbank angelegt werden, z. B. „moodle“ mit einem Benutzer, der darauf zugreifen kann, z. B. „moodleuser“.

   Als Beispiel für den Aufruf bei Verwendung von MySQL laut [Moodle 2007]:

   # mysql -u root -p

   > CREATE DATABASE moodle;

   > GRANT SELECT,INSERT,UPDATE,DELETE,CREATE,DROP,INDEX,ALTER ON moodle.*

   TO moodleuser@localhost IDENTIFIED BY 'yourpassword';

   > quit

   # mysqladmin -p reload

5. Ist dies geschehen, ruft man mit dem Browser das Moodle-Verzeichnis auf. z. B. mit http://www.nachhilfe-braunau.at/moodle und die Installationsroutine startet.

6. Moodle prüft zunächst die grundlegenden Installationsvoraussetzungen.

7. Danach werden die Zugangsdaten zur Datenbank und die Verzeichnisse, in denen Moodle installiert ist, abgefragt.

8. Nun werden in mehreren Schritten die Datenbanktabellen angelegt. Der Installationsprozess scrollt automatisch ans Ende der Seite zu einem „Weiter“-Button. Sollten zwischenzeitlich Fehler auftreten, erhält man dazu Informationen.

9. Gegen Ende der Installation werden der Zugang für den Hauptadministrator erstellt und die Daten für die Startseite definiert.

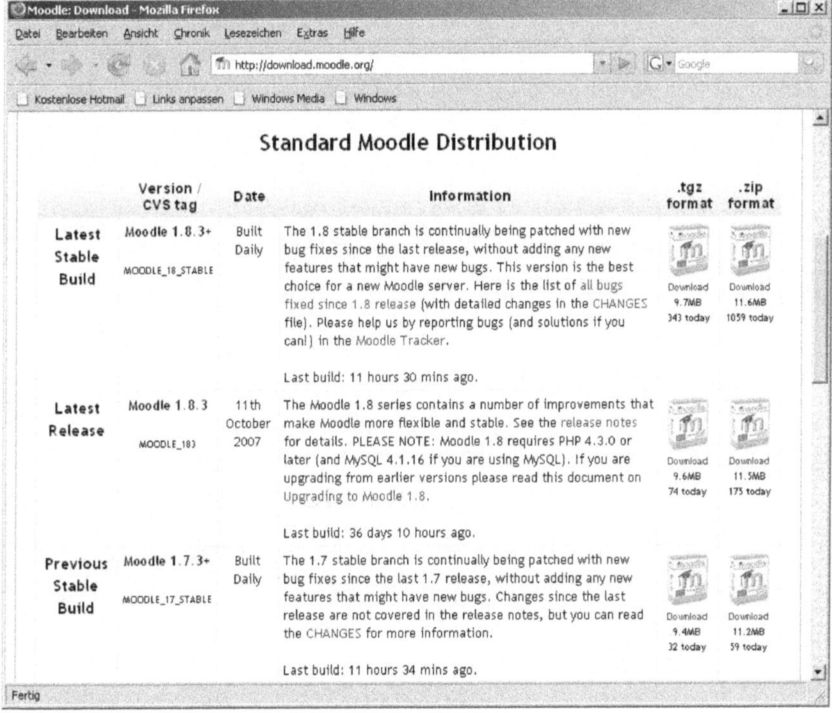

Abb.3.2.2 Screenshot „Downloadseite von Moodle.org – Standard Moodle Distribution“

3.3 Lokale Testinstallation mit XAMPP auf Windows

Um Erfahrungen mit Moodle sammeln zu können, das heißt,

- Einstellungen ausprobieren,
- Benutzer und Kurse anlegen und
- interne Schulungen der Lehrkräfte durchführen,

wollte der Auftraggeber, dass das CMS zuerst lokal auf dem Windows 2000 Firmen-PC installiert wird.

Dazu benötigt man das Installationspaket „Moodle Packages for Windows“, das als gezipptes Archiv über [Download.Moodle 2007a] herunter geladen werden kann.

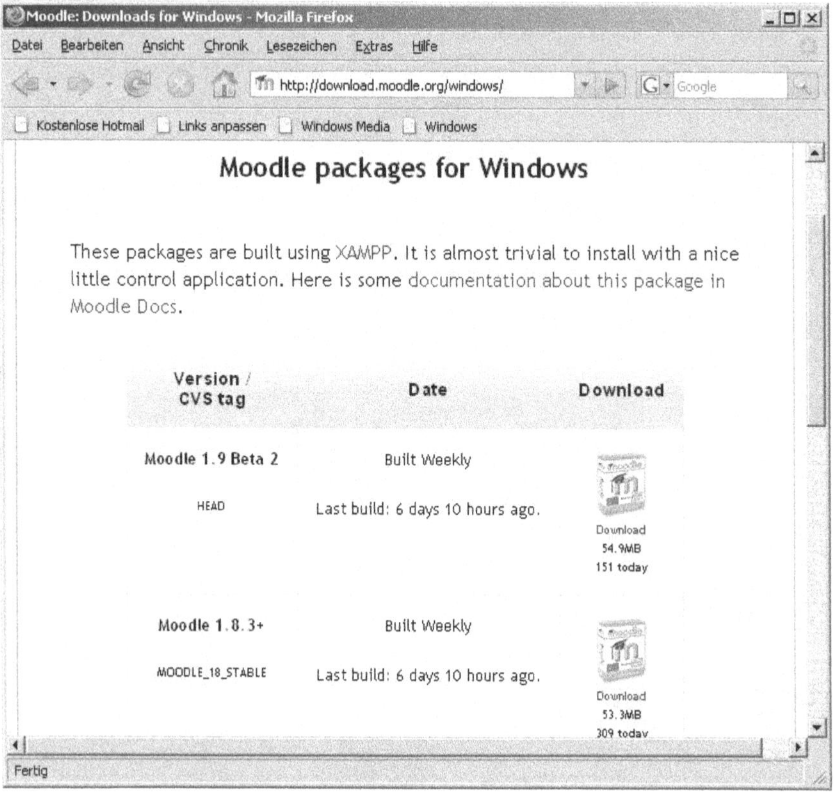

Moodle: Downloads for Windows - Mozilla Firefox

Datei Bearbeiten Ansicht Chronik Lesezeichen Extras Hilfe

http://download.moodle.org/windows/

Kostenlose Hotmail | Links anpassen | Windows Media | Windows

Moodle packages for Windows

These packages are built using XAMPP. It is almost trivial to install with a nice little control application. Here is some documentation about this package in Moodle Docs.

Version / CVS tag	Date	Download
Moodle 1.9 Beta 2 HEAD	Built Weekly Last build: 6 days 10 hours ago.	Download 54.9MB 151 today
Moodle 1.8.3+ MOODLE_18_STABLE	Built Weekly Last build: 6 days 10 hours ago.	Download 53.3MB 309 today

Fertig

Abb.3.3.1 Screenshot „Downloadseite von Moodle.org – Moodle packages for Windows“

Diese Pakete sind mit XAMPP, einer Apache-Distribution, die PHP, MySQL und Perl enthält, erzeugt worden. Der Vorteil von XAMPP ist, dass die Installation keinerlei Einträge in die Windows-Registry schreibt, und somit nur der Ordner „moodle“ gelöscht werden muss, um die Installation wieder zu entfernen.

Ein „Moodle Package for Windows“ enthält somit

- Moodle,
- Apache,
- PHP,
- MySQL und Perl.

Nach dem Herunterladen und Entpacken des Archivs gibt es einen Ordner „Moodle“ mit folgendem Inhalt:

```
moodle

Markieren Sie ein Objekt, um
seine Beschreibung
anzuzeigen.

Siehe auch:

apache              cgi-bin             install
licenses            moodle              mysql
php                 sendmail            tmp
apache_start.bat    apache_stop.bat     mysql_start.bat
mysql_stop.bat      readme_de.txt       readme_en.txt
service.exe         setup_xampp.bat     xampp_restart.exe
xampp_start.exe     xampp_stop.exe      xampp-control.exe
xampp-portcheck.exe

22 Objekt(e)        668 KB        Arbeitsplatz
```

Abb.3.3.2 Screenshot „Inhalt des Ordners Moodle - Windows XAMPP Version“

Beim ersten Mal muss das Setup mit der Datei „setup_xampp.bat“ gestartet werden. Dabei öffnet sich folgendes DOS-Fenster.

```
C:\WINNT\system32\cmd.exe

#######################################################################
# ApacheFriends XAMPP Lite setup win32 Version 1.5                    #
#---------------------------------------------------------------------#
# Copyright (c) 2002-2005 Apachefriends                               #
#---------------------------------------------------------------------#
# Authors: Kay Vogelgesang <kvo@apachefriends.org>                    #
#          Carsten Wiedmann <webmaster@wiedmann-online.de>            #
#######################################################################

 Configure for server 1.5.4a
 Configure XAMPP with awk for 'Windows_NT'
 Please wait ...
 Enable AcceptEx Winsocks v2 support for NT systems  DONE!

 ##### Have fun with ApacheFriends XAMPP Lite! #####

Drücken Sie eine beliebige Taste . . .
```

Abb.3.3.3 Screenshot „XAMPP über setup_xampp.bat konfigurieren.“

Nun das Programm XAMPP mit „xampp_start.exe“ starten. Dieses wiederum startet automatisch alle notwendigen Serverprogramme. Das sich öffnende DOS-Fenster darf nicht geschlossen werden. Um XAMPP wieder zu beenden, startet man das Programm „xampp_stop.exe“.

```
F:\MedienInformatikWS0708\Projektseminar\Praxis\LCMS_Moodle\installationsdateien\moodle\xa...
Diese Eingabeforderung nicht waehrend des Runnings beenden ...
Zum stoppen bitte die xampp_stop benutzen!
Please do not close this window while running ...
Use the xampp_stop for shutdown!

Please wait [Bitte warten] ...

### APACHE + MYSQL IS STARTING NOW ###
```

Abb.3.3.4 Screenshot „XAMPP über das Programm xampp-start.exe starten.“

Nach dem ersten Start von XAMPP muss Moodle installiert werden. Diesen Vorgang muss man ein einziges Mal durchführen. Bei den nächsten Starts von XAMPP ist Moodle immer sofort verfügbar. Der Server findet sich unter der Adresse http://localhost/.

Moodle Install - Mozilla Firefox

Datei Bearbeiten Ansicht Chronik Lesezeichen Extras Hilfe

http://localhost/install.php

Google

Kostenlose Hotmail Links anpassen Windows Media Windows

moodle

Installation

Eine Sprache wählen

Wähle eine Sprache, die du während der Installation verwenden möchtest. Nach der Installation kannst du die Sprache für die Oberfläche und die Nutzer/innen festlegen.

Sprache Deutsch - Du (de_du)

Moodle Windows Installer (2007013000)

Du hast das Paket **Xampp Lite 1.5.4a** erfolgreich auf deinem Computer installiert.

Diese Version von **Moodle Windows Installer** enthält folgende Anwendungen, mit denen du **Moodle** ausführen kannst:

- Apache 2.2.3
- PHP 5.2.0 + PEAR (basic package)
- MySQL 5.0.27

Das Paket enthält: **Moodle 1.9 Beta 2 (2007101503)**.

Die Nutzung dieser Anwendungen ist lizenzrechtlich geprüft. Alle Anwendungen von **Moodle Windows Installer** sind Open Source und unterliegen der GPL Lizenz.

Die folgenden Seiten führen dich in einfachen Schritten durch die Konfiguration und Installation von **Moodle** auf deinem Computer. Du kannst die vorgeschlagenen Einstellungen übernehmen oder an deine Bedürfnisse anpassen.

Klicke auf den "Weiter"-Button, um mit dem Setup von Moodle fortzufahren.

Nächste »

Fertig

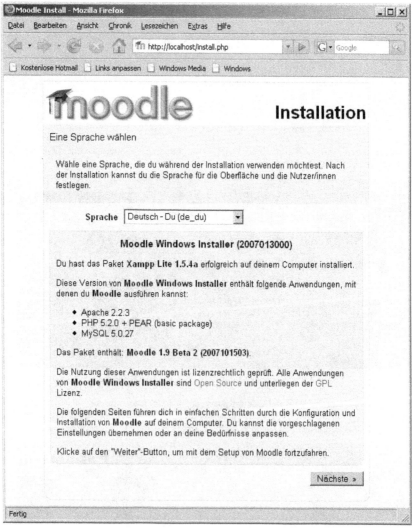

Abb.3.3.5 Screenshot „Moodle-Installation Schritt 1 – Sprache wählen“

Während der Installation sind keinerlei Eingaben notwendig. Man drückt immer nur auf die Schaltfläche „Nächste >>“ oder „Continue“ und übernimmt damit alle voreingestellten Werte.

Moodle Install - Mozilla Firefox

Datei Bearbeiten Ansicht Chronik Lesezeichen Extras Hilfe

http://localhost/install.php

Kostenlose Hotmail Links anpassen Windows Media Windows

moodle **Installation**

Prüfung Ihrer PHP-Einstellungen ...

Alle Tests sollten vom Server bestätigt werden, damit Moodle später reibungslos laufen kann.

PHP-Version	Durchgang
Session Auto Start	Durchgang
Magic Quotes Run Time	Durchgang
Unsichere Einstellung von Globalparametern	Durchgang
Safe Mode	Durchgang
Dateien hochladen	Durchgang
GD-Version	Durchgang
Memory Limit	Durchgang

« Frühere   Nächste »

Fertig

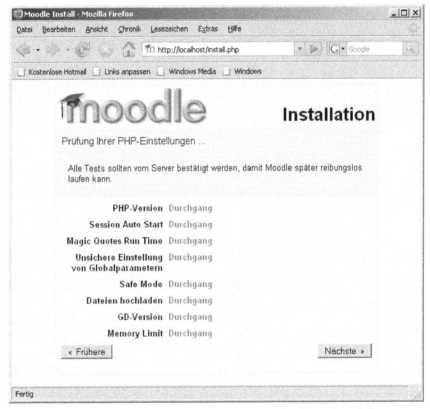

Abb.3.3.6 Screenshot „Moodle-Installation Schritt 2 – PHP-Einstellungen überprüfen“

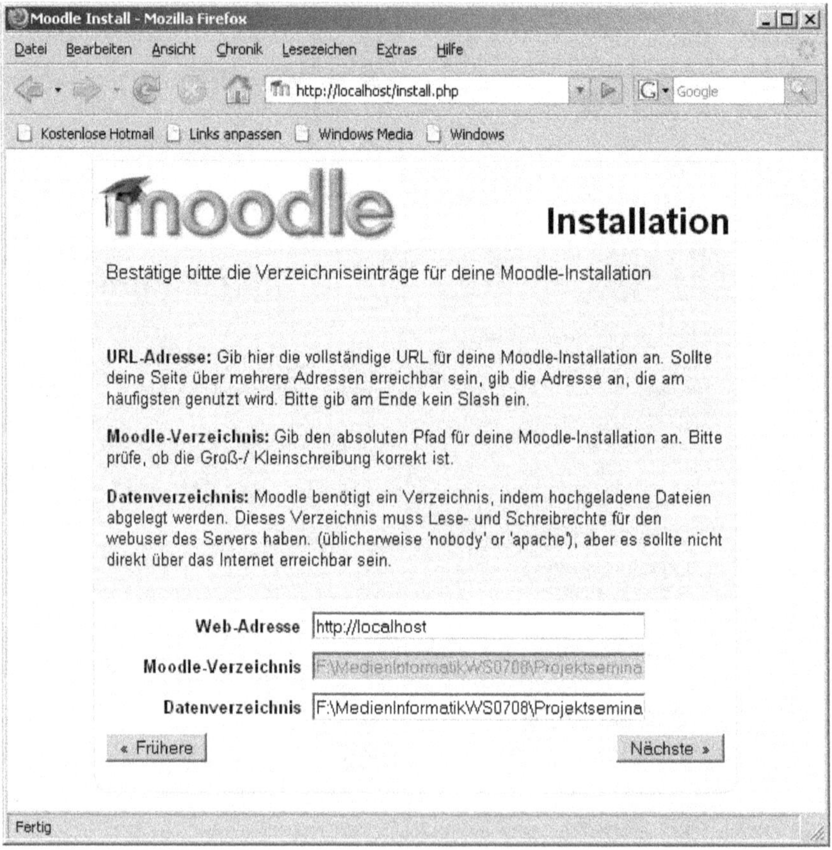

Moodle Install - Mozilla Firefox

Datei Bearbeiten Ansicht Chronik Lesezeichen Extras Hilfe

http://localhost/install.php

Kostenlose Hotmail Links anpassen Windows Media Windows

moodle **Installation**

Bestätige bitte die Verzeichniseinträge für deine Moodle-Installation

URL-Adresse: Gib hier die vollständige URL für deine Moodle-Installation an. Sollte deine Seite über mehrere Adressen erreichbar sein, gib die Adresse an, die am häufigsten genutzt wird. Bitte gib am Ende kein Slash ein.

Moodle-Verzeichnis: Gib den absoluten Pfad für deine Moodle-Installation an. Bitte prüfe, ob die Groß-/ Kleinschreibung korrekt ist.

Datenverzeichnis: Moodle benötigt ein Verzeichnis, indem hochgeladene Dateien abgelegt werden. Dieses Verzeichnis muss Lese- und Schreibrechte für den webuser des Servers haben. (üblicherweise 'nobody' or 'apache'), aber es sollte nicht direkt über das Internet erreichbar sein.

Web-Adresse http://localhost

Moodle-Verzeichnis F:\MedienInformatikWS0708\Projektsemina

Datenverzeichnis F:\MedienInformatikWS0708\Projektsemina

« Frühere Nächste »

Fertig

Abb.3.3.7 Screenshot „Moodle-Installation Schritt 3 – Verzeichniseinträge bestätigen“

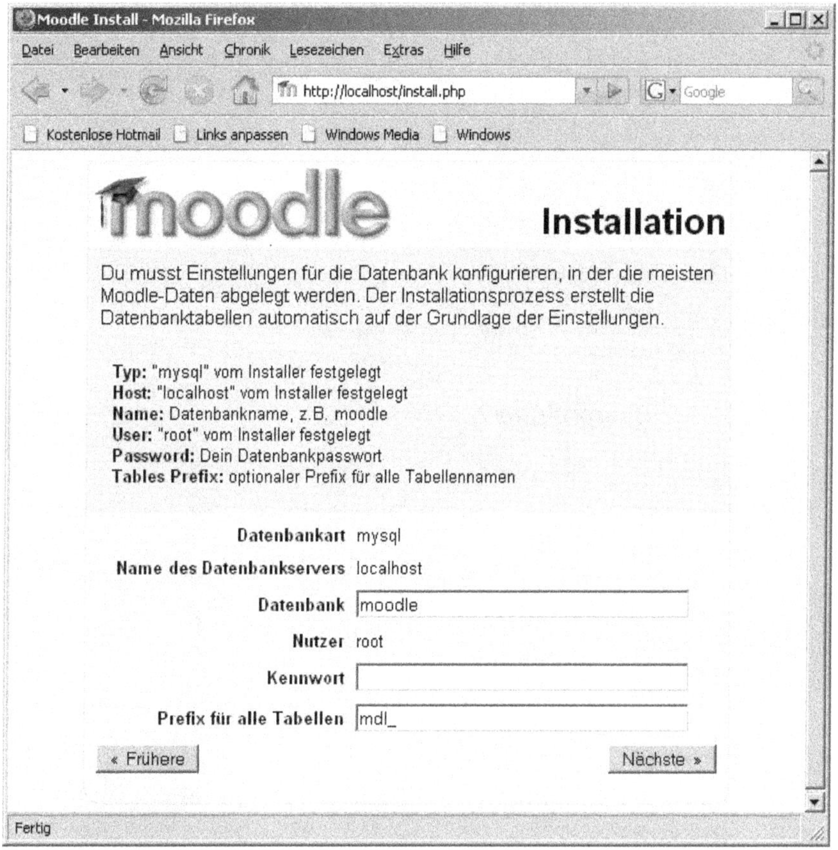

Moodle Install - Mozilla Firefox

Datei Bearbeiten Ansicht Chronik Lesezeichen Extras Hilfe

http://localhost/install.php

Kostenlose Hotmail | Links anpassen | Windows Media | Windows

moodle **Installation**

Du musst Einstellungen für die Datenbank konfigurieren, in der die meisten Moodle-Daten abgelegt werden. Der Installationsprozess erstellt die Datenbanktabellen automatisch auf der Grundlage der Einstellungen.

Typ: "mysql" vom Installer festgelegt
Host: "localhost" vom Installer festgelegt
Name: Datenbankname, z.B. moodle
User: "root" vom Installer festgelegt
Password: Dein Datenbankpasswort
Tables Prefix: optionaler Prefix für alle Tabellennamen

Datenbankart	mysql
Name des Datenbankservers	localhost
Datenbank	moodle
Nutzer	root
Kennwort	
Prefix für alle Tabellen	mdl_

« Frühere   Nächste »

Fertig

Abb.3.3.8 Screenshot „Moodle-Installation Schritt 4 – Datenbank konfigurieren“

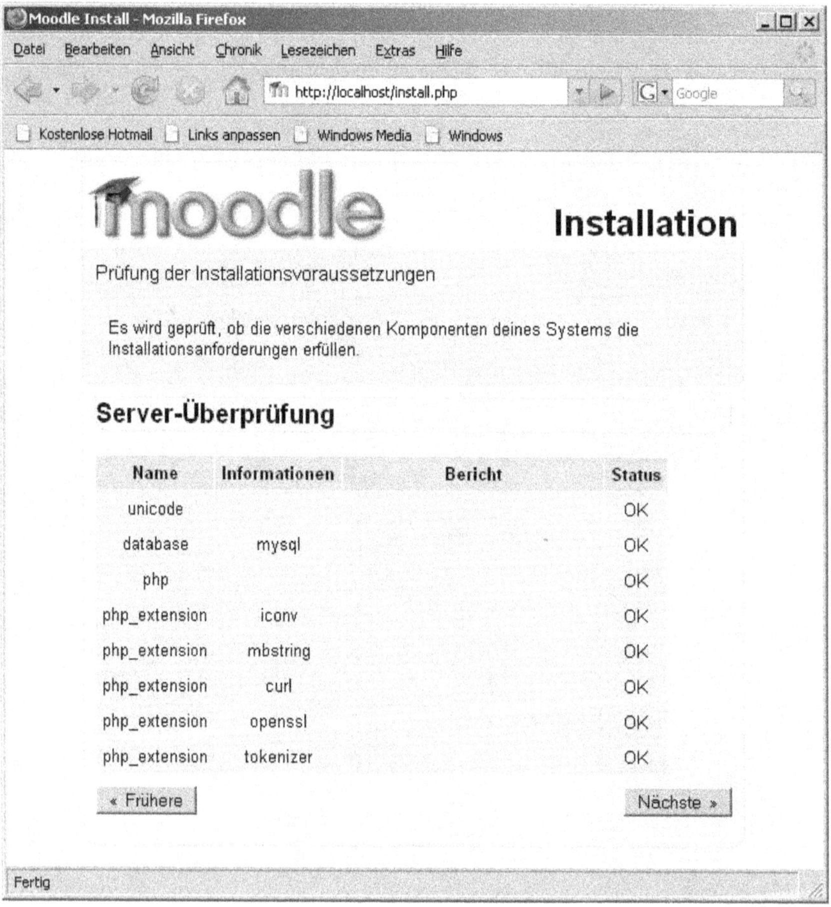

Moodle Install - Mozilla Firefox

Datei Bearbeiten Ansicht Chronik Lesezeichen Extras Hilfe

http://localhost/install.php

Kostenlose Hotmail | Links anpassen | Windows Media | Windows

moodle **Installation**

Prüfung der Installationsvoraussetzungen

Es wird geprüft, ob die verschiedenen Komponenten deines Systems die Installationsanforderungen erfüllen.

Server-Überprüfung

Name	Informationen	Bericht	Status
unicode			OK
database	mysql		OK
php			OK
php_extension	iconv		OK
php_extension	mbstring		OK
php_extension	curl		OK
php_extension	openssl		OK
php_extension	tokenizer		OK

« Frühere | Nächste »

Fertig

Abb.3.3.9 Screenshot „Moodle-Installation Schritt 5 – Installationsvoraussetzungen überprüfen“

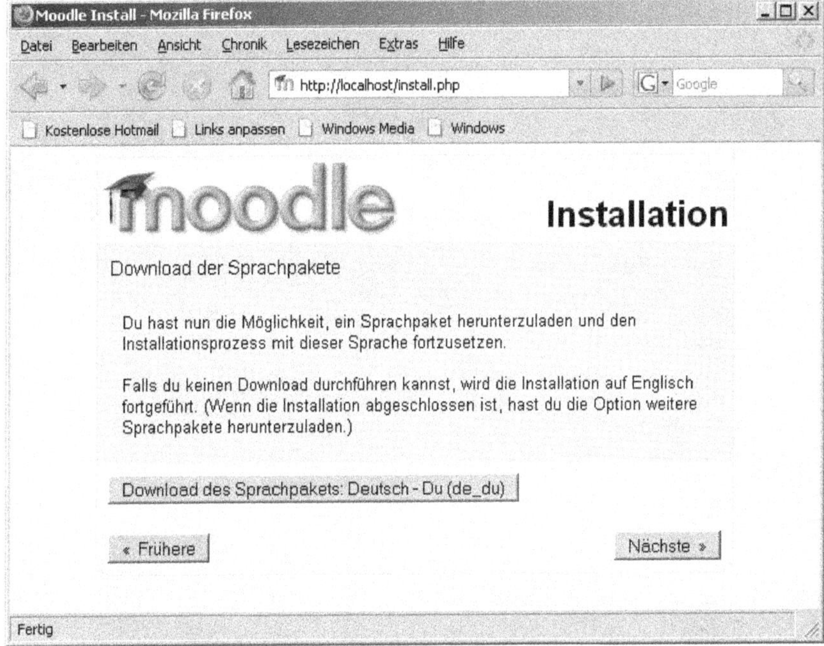

Abb.3.3.10 Screenshot „Moodle-Installation Schritt 6 – Sprachpakete downloaden"

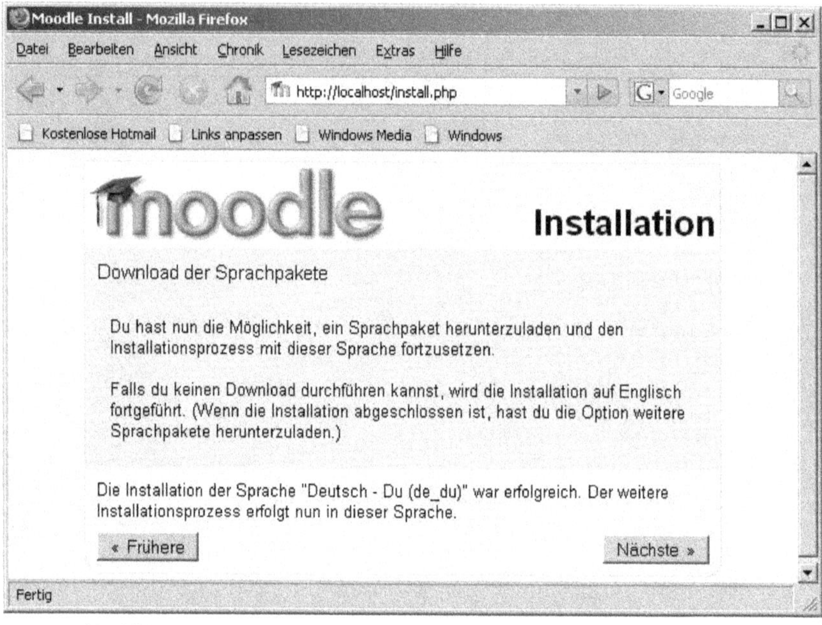

Abb.3.3.11 Screenshot „Moodle-Installation Schritt 7 – Sprachpakete downloaden erfolgreich“

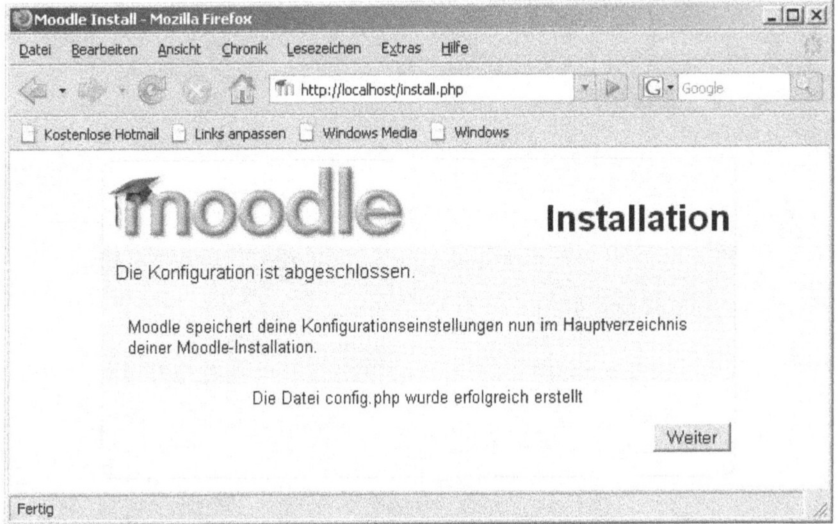

Abb.3.3.12 Screenshot „Moodle-Installation Schritt 8 – Konfiguration abgeschlossen"

GPL License - Mozilla Firefox

Datei Bearbeiten Ansicht Chronik Lesezeichen Extras Hilfe

http://localhost/admin/index.php

Kostenlose Hotmail | Links anpassen | Windows Media | Windows

GPL License

GPL License

Moodle - Modular Object-Oriented Dynamic Learning Environment

Copyright notice

Copyright (C)1999 onwards Martin Dougiamas http://moodle.com

Dieses Programm ist freie Software. Du darfst die Software weiterverbreiten und/oder verändern, und zwar im Rahmen der GNU General Public License, wie sie von der Free Software Foundation veröffentlicht wurde. Es gilt die Version 2 der Lizenz oder (falls du dies wünscht) auch jede spätere Version.

Dieses Programm wurde erstellt in der Hoffnung, das es nützlich sein könnte, allerdings OHNE JEDE GARANTIE und sogar ohne die implizierte Garantie der MARKTFÄHIGKEIT oder der MARKTREIFE FÜR EINEM BESONDEREN ZWECK.

Mehr Details zur GNU General Public License unter http://www.gnu.org/copyleft/gpl.html

Hast du diese Bedingungen gelesen, verstanden und stimmst ihnen zu?

Yes | No

Fertig

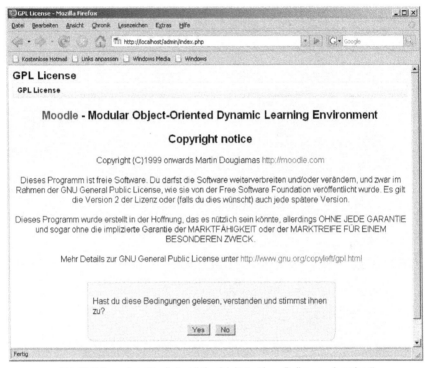

Abb.3.3.13 Screenshot „Moodle-Installation Schritt 9 – Lizenz-Bedingungen bestätigen“

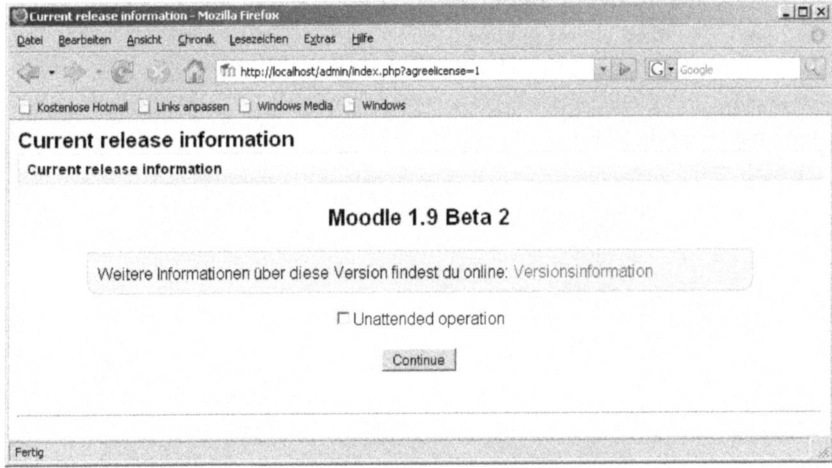

Abb.3.3.14 Screenshot „Moodle-Installation Schritt 10 – Versionsinformation"

In den nächsten Schritten erfolgt die automatisierte Installation von Moodle, die skriptgesteuert alle notwendigen Einträge in die Datenbank schreibt.

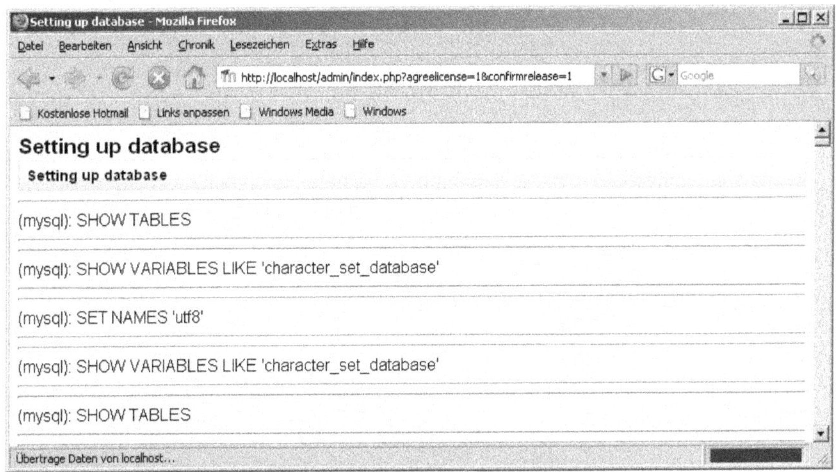

Abb.3.3.15 Screenshot „Moodle-Installation Schritt 11 – Datenbankkonfiguration"

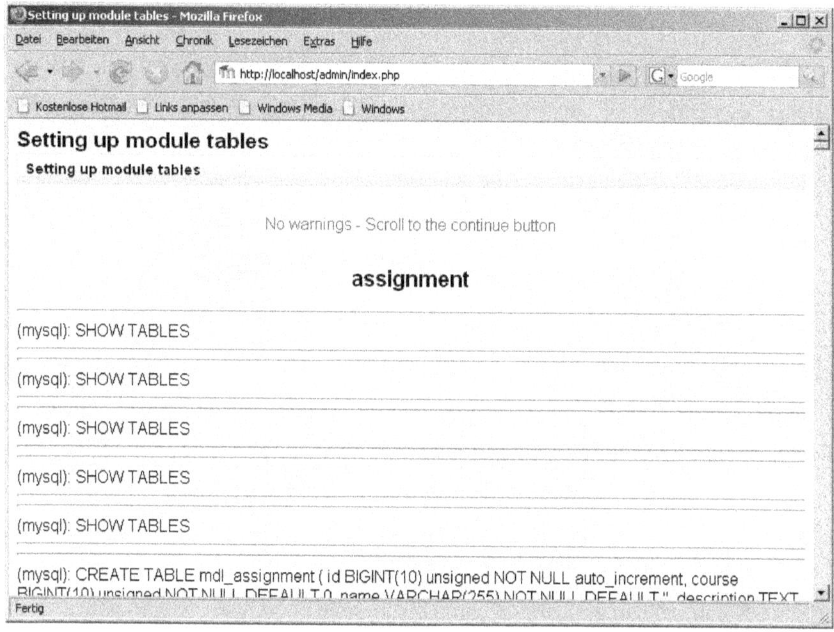

Abb.3.3.16 Screenshot „Moodle-Installation Schritt 12 – Tabellenkonfiguration module tables“

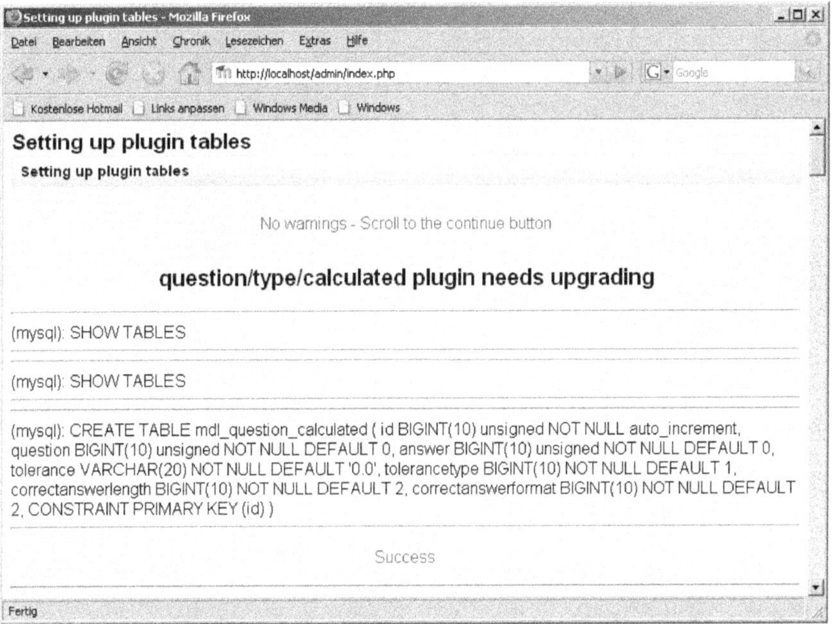

Abb.3.3.17 Screenshot „Moodle-Installation Schritt 13 – Tabellenkonfiguration plugin tables“

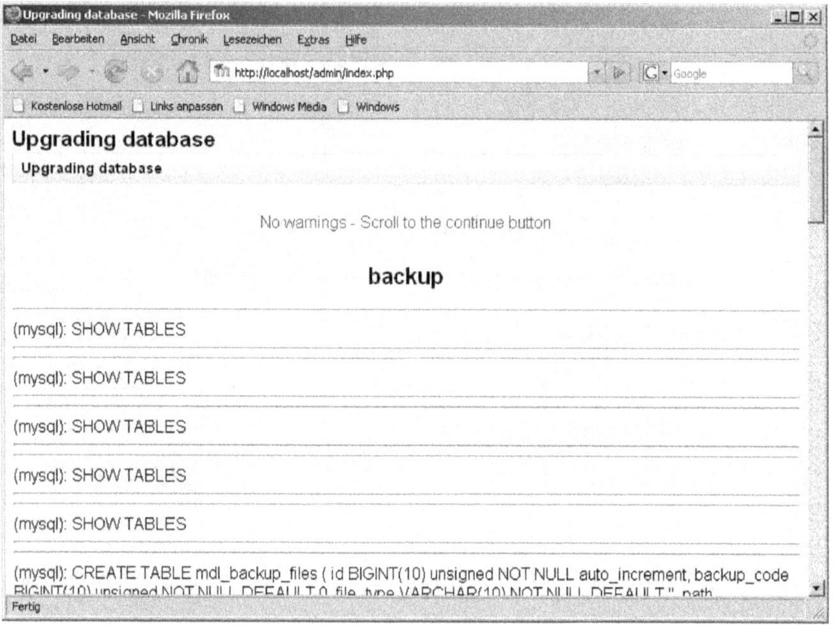

Abb.3.3.18 Screenshot „Moodle-Installation Schritt 14 – Datenbankkonfiguration Upgrading backup“

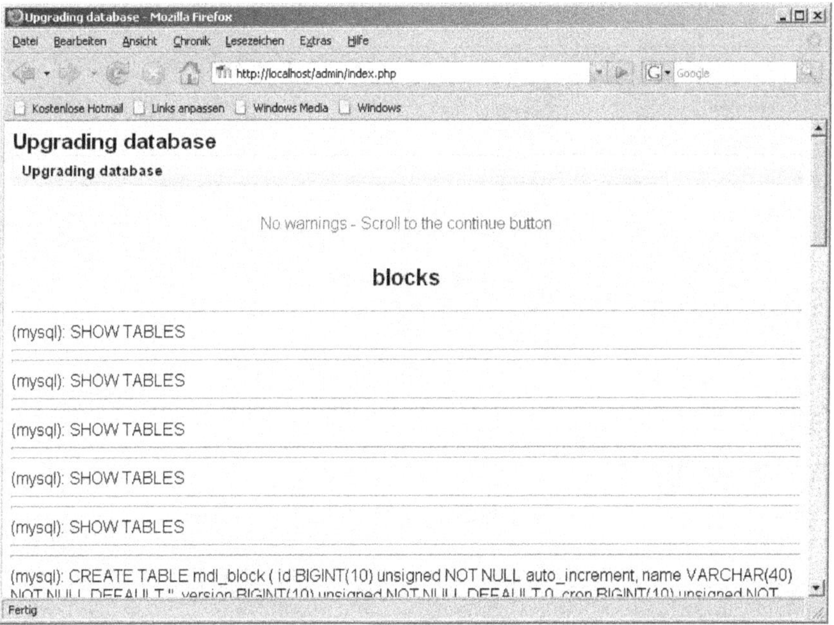

Abb.3.3.19 Screenshot „Moodle-Installation Schritt 15 – Datenbankkonfiguration Upgrading blocks“

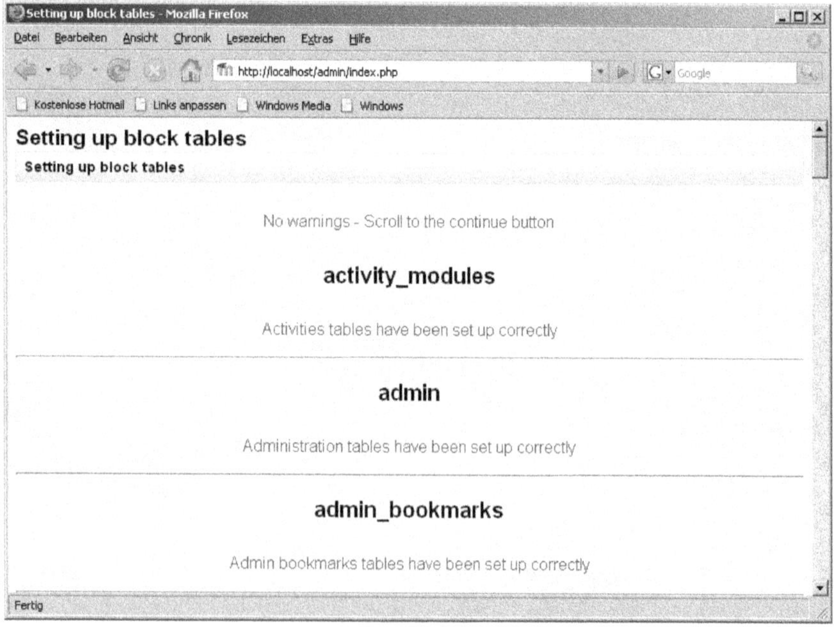

Abb.3.3.20 Screenshot „Moodle-Installation Schritt 16 – Tabellenkonfiguration block tables“

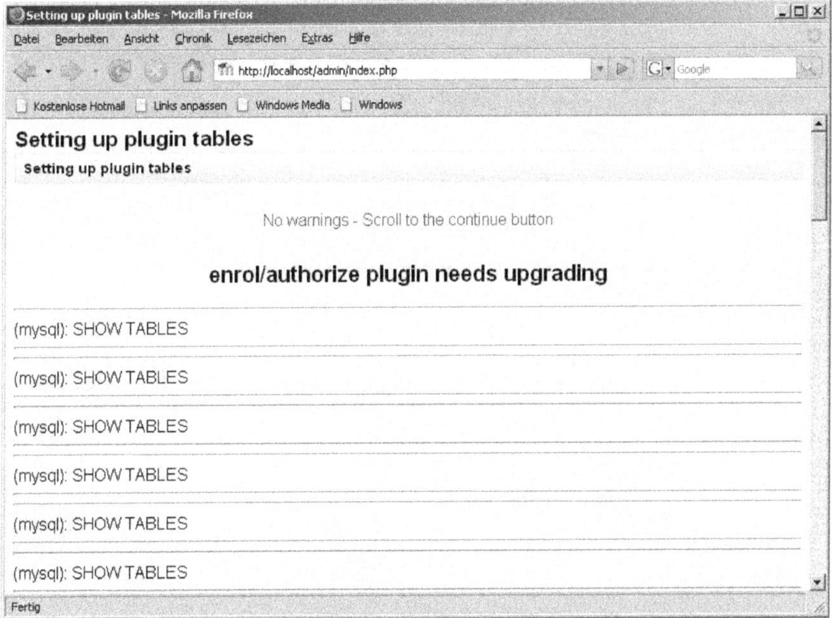

Abb.3.3.21 Screenshot „Moodle-Installation Schritt 17 – Tabellenkonfiguration plugin tables“

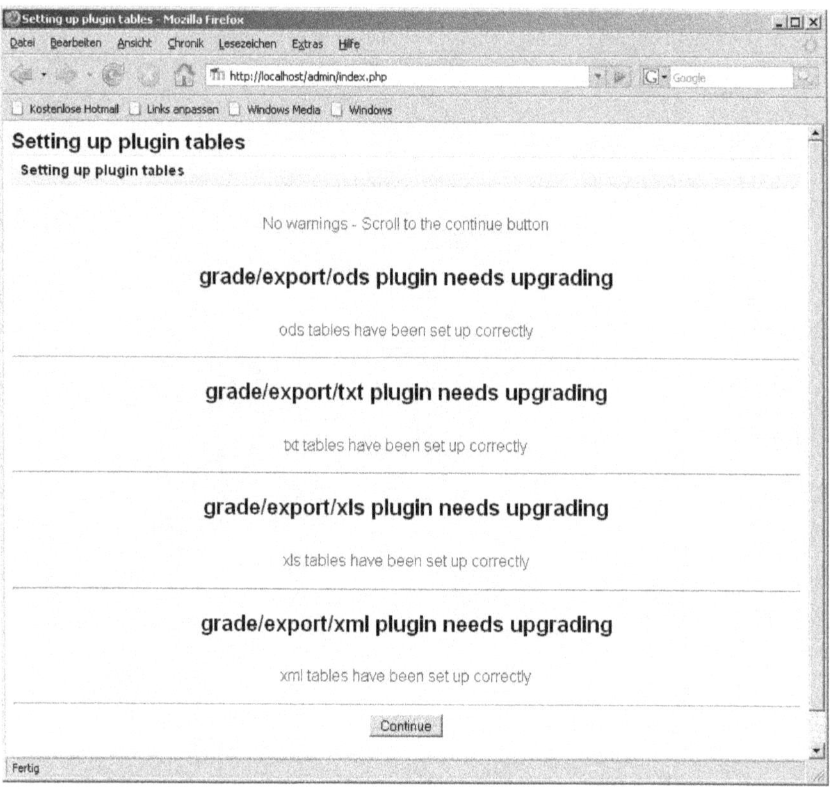

Abb.3.3.22 Screenshot „Moodle-Installation Schritt 18 – Tabellenkonfiguration plugin tables“

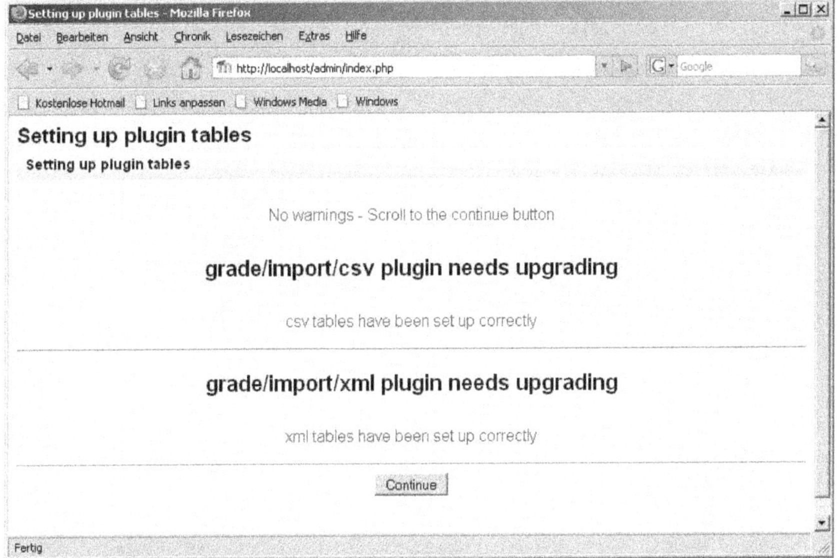

Abb.3.3.23 Screenshot „Moodle-Installation Schritt 19 – Tabellenkonfiguration plugin tables"

Setting up plugin tables - Mozilla Firefox

Datei Bearbeiten Ansicht Chronik Lesezeichen Extras Hilfe

http://localhost/admin/index.php

Kostenlose Hotmail Links anpassen Windows Media Windows

Setting up plugin tables

Setting up plugin tables

No warnings - Scroll to the continue button

grade/report/grader plugin needs upgrading

grader tables have been set up correctly

grade/report/outcomes plugin needs upgrading

outcomes tables have been set up correctly

grade/report/overview plugin needs upgrading

overview tables have been set up correctly

grade/report/user plugin needs upgrading

user tables have been set up correctly

Continue

Fertig

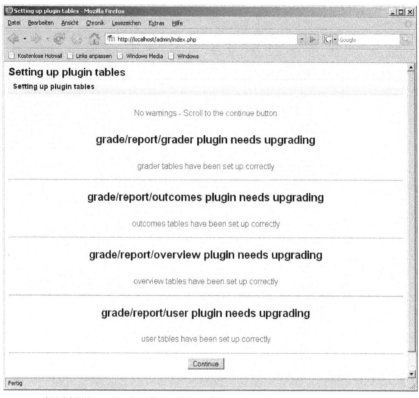

Abb.3.3.24 Screenshot „Moodle-Installation Schritt 20 – Tabellenkonfiguration plugin tables"

Setup administrator account - Mozilla Firefox

Datei Bearbeiten Ansicht Chronik Lesezeichen Extras Hilfe

http://localhost/user/editadvanced.php?id=2

Kostenlose Hotmail Links anpassen Windows Media Windows

Setup administrator account

Hier solltest du den Hauptadmin einrichten, der die vollständige Kontrolle über die Website hat. Achte darauf, unbedingt einen sicheren Benutzernamen samt Kennwort sowie eine gültige E-Mail-Adresse anzugeben. Weitere Administrator/innen kannst du später festlegen.

General

Show Advanced

Username* admin
New password* ****** Unmask
Force password change
First name* Admin
Surname* User
Email address* tamara@pendular.net
Email display Allow everyone to see my email address
Email activated This email address is enabled
City/town* Braunau
Select a country* Austria
Timezone
Preferred language Deutsch - Du (de_du)
Description

Fertig

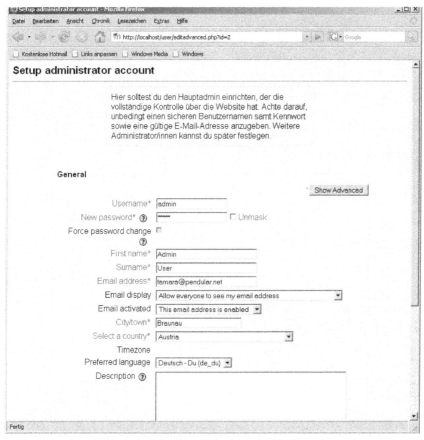

Abb.3.3.25 Screenshot „Moodle-Installation Schritt 21 – Administrator anlegen“

Am Ende der Installation wird man aufgefordert einen Administrator anzugeben. Die rot gekennzeichneten Einträge sind Pflichtfelder und müssen ausgefüllt werden.

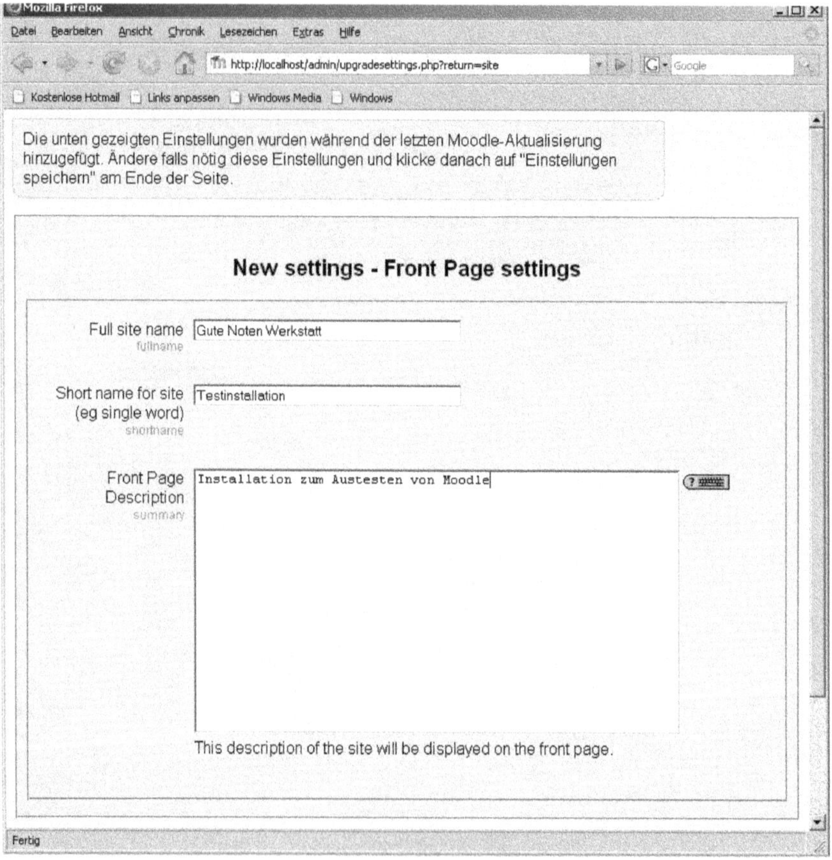

Mozilla Firefox
Datei Bearbeiten Ansicht Chronik Lesezeichen Extras Hilfe
http://localhost/admin/upgradesettings.php?return=site
Kostenlose Hotmail Links anpassen Windows Media Windows

Die unten gezeigten Einstellungen wurden während der letzten Moodle-Aktualisierung hinzugefügt. Ändere falls nötig diese Einstellungen und klicke danach auf "Einstellungen speichern" am Ende der Seite.

New settings - Front Page settings

Full site name: Gute Noten Werkstatt
fullname

Short name for site (eg single word): Testinstallation
shortname

Front Page Description: Installation zum Austesten von Moodle
summary

This description of the site will be displayed on the front page.

Fertig

Abb.3.3.26 Screenshot „Moodle-Installation Schritt 22 – Informationen für die Startseite"

Nun müssen noch einige Daten für die Startseite eingegeben werden, die man nach eigenen Vorstellungen wählen kann.

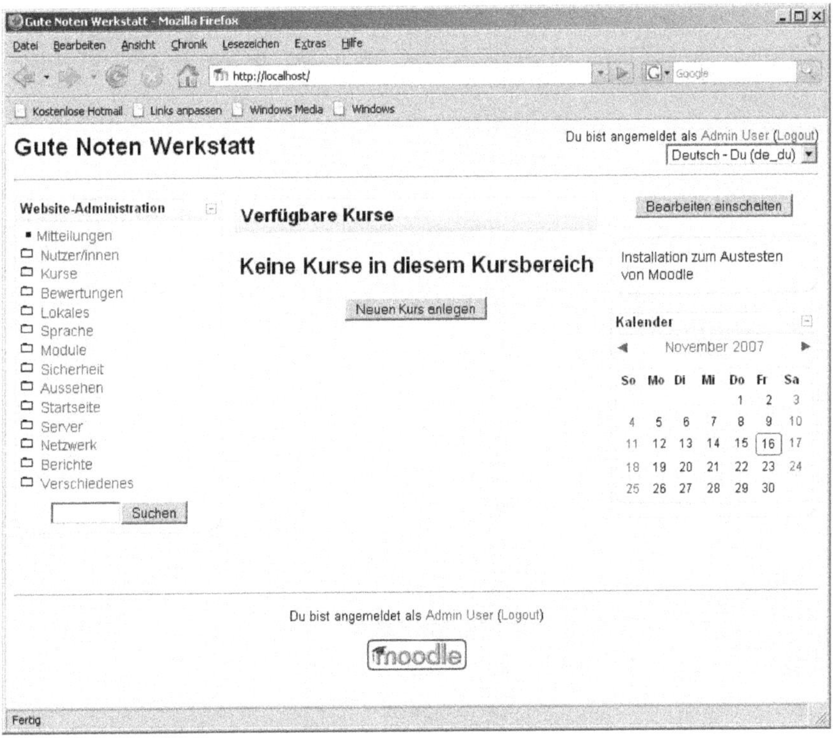

Abb.3.3.27 Screenshot „Moodle-Installation Schritt 23 – Installation fertig“

4 Programmmodule

Moodle ist weitgehend modular aufgebaut, das heißt die gesamte Moodle-Oberfläche setzt sich aus unterschiedlichen Modulen wie z. B. Materialien, Aktivitäten, Themenblöcke und -abschnitte sowie die Verwaltungsblöcke in den Seiten eines Kursraumes zusammen. Es können neue Module hinzugefügt, vorhandene Module bearbeitet oder gelöscht werden.

Durch einen Klick auf die Schaltfläche „Bearbeiten einschalten“ gelangt man in den Bearbeitenmodus.

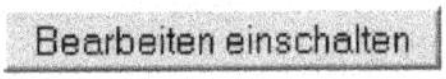

Abb.4.1 Screenshot „Bearbeiten einschalten – Schaltfläche“

Die einzelnen Module werden um verschiedene Schaltflächen mit unterschiedlichen Funktionen erweitert.

In den folgenden Abschnitten werden die wichtigsten Module genauer behandelt.

4.1 Aktivitäten

Im Bearbeitenmodus können über das DropDown Menü „Aktivität anlegen“ beliebige Aktivitäten zu einem Kurs hinzugefügt werden.

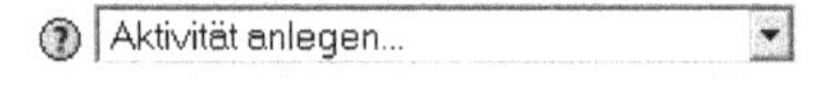

Abb.4.1.1 „Screenshot DropDown Menü Aktivität anlegen“

Aktivitäten-Modul

Abstimmung
Arbeitsmaterial
Aufgabe
Chat
Datenbank
Forum
Glossar
HotPot-Test
Journal
LAMS
Lektion
Lernpaket
Test
Umfrage
Wiki
Workshop
Überschrift/Text
Übung

Abb.4.1.2 „Screenshot Übersicht über die verschiedenen Aktivitäten“

4.1.1 Abstimmung

Abstimmungen ersetzen das Händeheben und Abzählen im Offline-Unterricht. Sie sind sehr einfach zu nutzen. Eine Fragestellung wird mit mehreren Antworten vorgegeben. Nachdem die Teilnehmer/innen ihre Antwort getroffen haben, können die Resultate ausgewertet werden. Ab-

stimmungen sind hilfreich, um Teilnehmern/innen die Möglichkeit zur Einflussnahme zu geben, z. B. über die Qualität eines Kurses abzustimmen.

Beim Anlegen einer neuen Abstimmung hat man z. B. die Möglichkeit,

- die Anzahl der Stimmabgaben zu limitieren,
- einen Abstimmungszeitraum festzulegen,
- die Ergebnisse zu veröffentlichen, entweder anonym oder sogar mit Angabe der Namen etc.

4.1.2 Arbeitsmaterial

Über das DropDown Menü „Arbeitsmaterial anlegen" können verschiedene Arbeitsmaterialien angelegt werden.

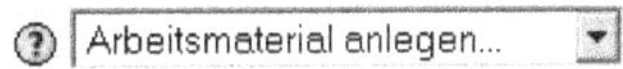

Abb.4.1.2.1„Screenshot DropDown Menü Arbeitsmaterial anlegen"

Dazu gehören:

- **Ressourcen:** sind Inhalte und Information, die die Trainer/innen im Kurs zur Verfügung stellen möchten. Es können fertig vorbereitete Dateien sein, die auf den Kursserver geladen werden, oder Seiten, die direkt in Moodle bearbeitet wurden, und oft auch externe Webseiten, die aussehen, als seien sie Teil des Kurses.
- **Textseite (ohne Editor):** hier hat man die Möglichkeit, den Kursteilnehmern unformatierte Texte zur Verfügung stellen, damit diese ihn in einer anderen Anwendung z. B. Word gliedern und formatieren und so das Erstellen von Dokumentvorlagen üben.
- **Textseite (mit Editor):** Mit Hilfe des in Moodle integrierten Editors können fast alle Formatierungsoptionen für HTML eingesetzt und direkt angewendet werden. Dies umfasst das Einbinden von Bildern, Links und Listen.

Abb.4.1.2.2 „Screenshot Leiste des in Moodle integrierten Editors"

- **Link auf Datei oder Webseite:** Damit lassen sich in Moodle Dateien jeder Art und Internetadressen den Kursteilnehmern zur Verfügung stellen.
- **Link auf Verzeichnis:** Damit lassen sich auch die mit dem Dateibrowser eingerichteten Ordner samt Inhalt und Arbeitsanweisungen zur Verfügung stellen.
- **IMS-Content-Paket:** Damit stellt man Materialien im IMS Contentformat zur Verfügung.

- **Text oder Überschrift:** Damit lassen sich kurze Einführungstexte oder Überschriften auf der Kursraumoberfläche zwischen die einzelnen Arbeitsunterlagen und Lernaktivitäten einfügen. Bei längeren Abschnitten im Kursraum machen gelegentliche Zwischenüberschriften oder auch einführende Texte das Lesen leichter und helfen den Teilnehmern bei der Orientierung.

4.1.3 Aufgabe

Aufgaben ermöglichen es dem Trainer oder der Trainerin, von den Teilnehmenden eine Datei eines beliebigen Formats zu verlangen, die auf den Server hochgeladen werden muss. Typische Aufgaben sind Versuche, Projekte, Berichte etc. Dieses Modul ermöglicht auch die Bewertung der eingereichten Arbeit

Generell besteht eine Aufgabe aus einer Aufgabenstellung und einer Beschreibung, einem Abgabedatum und der Bewertung. Zusätzlich können spätere Abgaben als zum vereinbarten Termin verhindert werden oder maximale Dateigrößen angegeben werden.

Bei den Aufgaben gibt es vier verschiedene Möglichkeiten:

- **Online – mehrere Dateien hochladen:** diese Art der Aufgabe erlaubt es jedem Kursteilnehmer, mehrere Dateien hoch zu laden. Einschränkungen zur Größe der Dateien und zur Anzahl sind hier sinnvoll. Man kann angeben, ob ein erneutes Hochladen erlaubt sein soll.

- **Online – Texteingabe:** hierbei müssen die Teilnehmenden direkt in einem Texteditor ihre Lösungen eingeben.

- **Online – eine Datei hochladen:** diese Art der Aufgabe erlaubt es jedem Kursteilnehmer, eine einzelne Datei hoch zu laden. Einschränkungen zur Größe der Datei sind hier sinnvoll. Man kann angeben, ob ein erneutes Hochladen erlaubt sein soll.

- **Offline – Aktivität:** dies ist sinnvoll, wenn die Aufgabe außerhalb von Moodle durchgeführt werden soll. Kursteilnehmer können eine Beschreibung der Aufgabe sehen, können aber keine Dateien hochladen. Aufgaben wie „Lesen Sie im Buch das erste Kapitel“ sind so möglich.

4.1.4 Chat

Chats ermöglichen die synchrone Kontaktaufnahme zwischen den Kursteilnehmern. Dies ist sinnvoll, um das Kennen lernen in der Gruppe und die Diskussion eines besprochenen Themas zu fördern.

Die Protokolle von Chats können gespeichert und anschließend eingesehen und ausgewertet werden. Anhänge sind im Chat nicht vorgesehen.

4.1.5 Datenbank

Die Datenbankaktivität ermöglicht es Trainer/innen und/oder Teilnehmer/innen strukturierte Datensätze zu erstellen, anzusehen und zu durchsuchen. Die Struktur der Datensätze kann frei gestaltet werden. Sie kann Bilder, Dateien, URLs, Zahlen, Texte und anderes enthalten, im Grunde ähnlich wie bei einer Access Datenbank. Beim Anlegen der Datenbank können Einschrän-

kungen über die Anzahl der erlaubten Einträge gemacht werden, oder ob diese bewertet werden dürfen. Nachdem die Datenbank angelegt ist, müssen Felder hinzugefügt werden.

4.1.6 Forum

In Foren finden die meisten Gespräche statt, daher sind sie für Online-Kurse sehr wichtig. Foren können auf verschiedene Art und Weise strukturiert werden. Sie können z.B. auch Bewertungen der Beiträge einschließen. Die Beiträge können unterschiedlich dargestellt werden und auch Dateianhänge umfassen. Nach dem Einschreiben in ein Forum können die Teilnehmer/innen Kopien jeder neuen Nachricht per E-Mail erhalten.

Es gibt die Wahl zwischen vier verschiedenen Forentypen:

- **Diskussion zu einem Thema:** ein Forum zu einem einzelnen Thema, für kurze und sehr spezielle Diskussionen.
- **Standardforum zur allgemeinen Nutzung:** ein offenes Forum, in dem jeder zu jeder Zeit ein neues Thema eröffnen kann.
- **Frage- und Antwort-Forum:** die Teilnehmenden müssen zuerst einen eigenen Beitrag verfassen, bevor sie andere sehen können. Nach dem ersten Posting können sie dann andere Beiträge sehen und beantworten.
- **Jede/r darf genau ein Thema einrichten:** Jeder Teilnehmende kann genau ein einziges Thema eröffnen und jede/r kann dazu antworten. Dies ist nützlich, wenn man z.B. möchte, dass jede/r Teilnehmer/in eine Diskussion zu einem bestimmten Thema eröffnet und jeder daran teilnehmen soll.

4.1.7 Glossar

Glossare sind Wörterbücher oder Sammlungen von Definitionen. Der Geltungsbereich der Glossare ist einstellbar für einen einzelnen Kurs oder auch das gesamte Moodle.

Beim Erstellen eines Glossars kann angegeben werden, ob es sich um ein Globales Glossar handeln soll. Diese können nur von Administrator/innen definiert und in einem beliebigen Kurs angelegt werden. Innerhalb der gesamten Webseite können automatische Verknüpfungen zu den Einträgen im globalen Glossar erstellt werden.

Des Weiteren gibt es noch die Unterscheidung zwischen Hauptglossar und Standardglossar.

Es kann nur ein Hauptglossar pro Kurs festgelegt werden, und nur Trainer/innen können dieses Hauptglossar aktualisieren. Einträge können aus jedem beliebigen Standardglossar eines Kurses in das Hauptglossar des Kurses exportiert werden.

4.1.8 Hot Potatoes Test

Das HotPot-Modul ermöglicht die Einbindung von Hot Potatoes Tests in Moodle. Diese Tests werden außerhalb von Moodle mit dem Programm Hot Potatoes erstellt und dann als Datei auf

den Moodle-Server hochgeladen (als Kursdatei im Kurs oder als Datei auf der Startseite) und als „Hot Potatoes Test"-Aktivität im Kurs verfügbar gemacht.

Mit Hot Potatoes können mit wenig Aufwand interaktive Aufgaben und Übungen erstellt werden.

- Multiple Choice (JBC)
- Quizfragen mit Kurzantworten (JQuiz)
- Scrambled sentences or words (JMix)
- Kreuzworträtsel (JCross)
- Zuordnungsübungen (JMatch)
- Lückentexte (JCloze) (Das „J" steht für Javascript, welches im Quellcode verwendet wird).

4.1.9 Journal

Das Journal kann begleitend für den gesamten Kurs genutzt werden. Die Lehrperson stellt den Teilnehmenden Fragen, die diese innerhalb eines bestimmten Zeitraumes, in dem das Journal geöffnet ist, bearbeiten. Die Antworten sind privat und können nur vom Trainer bzw. der Trainerin und dem Teilnehmenden, der den Eintragverfasst hat, gelesen werden. Nach dem Schließen des Journals können die Einträge bewertet werden und die Bewertungen an die Teilnehmenden verschickt werden.

4.1.10 LAMS

LAMS (Learning Activity Management System) ist - wie SCORM/AICC auch - ein Containerformat für den Austausch von E-Learning Übungen zwischen verschiedenen Plattformen.

Fast alle Arbeitsmaterialien und Lernaktivitäten, die Moodle zur Verfügung stellt, können auch in einem dieser Containerformate selbst geschrieben und dann auf Moodle hochgeladen werden. Dies ist sinnvoll, wenn man nicht nur auf Moodle, sondern auch auf anderen Lernplattformen arbeiten will. Mit den Containerformaten müssen Materialien nur noch einmal erstellt werden, und alle Plattformen können damit umgehen, die diese Formate unterstützen.

4.1.11 Lektion

Eine Lektion besteht aus mehreren Seiten, wobei jede Seite normalerweise mit einer Frage und einer Anzahl möglicher Antworten endet. In Abhängigkeit von den Antworten werden die Teilnehmer/innen zur nächsten oder zur vorherigen Seite geführt. Die Navigation durch die Lektion kann linear oder beliebig komplex erfolgen - das hängt stark vom Inhalt der Lektion ab. Es können Einstellungen zur Anzahl der Wiederholungen oder zur benötigten Zeit gemacht werden, es ist auch möglich einen Fortschrittsbalken oder eine Bestenliste anzeigen zu lassen.

4.1.12 Lernpaket im SCORM/AICC-Format

Ein SCORM-Lernpaket ist eine Sammlung von Online-Lerninhalten, die nach dem SCORM-Standard für Lernaktivitäten strukturiert sind. Ein solches Paket kann alles enthalten, was mit einem Web-Browser dargestellt werden kann, also Webseiten, Grafiken, Javascript-Programme oder Flash-Präsentationen. Mit dem Modul „Lernpaket" ist es auf einfache Art möglich, derartige Lernpakete im Standardformat SCORM/AICC in den Kurs hoch zu laden und zu nutzen.

SCORM ist – wie AICC oder LAMS auch – ein Containerformat für den Austausch von E-Learning Übungen zwischen verschiedenen Plattformen.

4.1.13 Test

Mit diesem Modul ist es möglich, Tests zu entwerfen, die aus

- Multiple-Choice-Fragen,
- Wahr-Falsch-Fragen und
- Fragen mit kurzen Antworten bestehen.

Mischformen aus verschiedenen Fragetypen sind möglich. Die Fragen liegen in einer kategorisierten Datenbank und können innerhalb eines Kurses und sogar zwischen einzelnen Kursen benutzt werden. Tests können in mehreren Versuchen durchlaufen werden. Jeder Versuch wird automatisch bewertet, Abzüge können genau festgelegt werden. Zusätzlich kann angegeben werden, welcher Bericht den Teilnehmenden nach dem Test gezeigt werden soll:

- Die eigenen Eingaben,
- die richtigen Antworten,
- ein Feedback,
- ein Standardfeedback,
- die Punkte und/oder
- ein Gesamtfeedback,

4.1.14 Umfrage

Bei einer Umfrage werden auf eine Frage verschieden Antworten vorgegeben, und die Teilnehmenden entscheiden, welche Antwort für sie zutrifft. Mit Hilfe der Umfrage können die Lehrenden Informationen von ihren Teilnehmenden bekommen, die es ihnen ermöglichen, die Gruppe besser kennen zu lernen und ein Feedback zu ihrem eigenen Lehrstil zu erhalten.

Folgenden Umfragen stehen zur Verfügung:

- **ATTLS:** Attitudes to Thinking and Learning Survey – Einstellung zur Denk- und Lern-Bewertung. Laut [Moodle 2007] dient dieses Bewertungswerkzeug dazu, die Qualität der Gespräche innerhalb einer Gemeinschaft zu überprüfen.

- **Kritische Ereignisse:** Hierbei werden Fragen gestellt, die die Teilnehmenden kritisch beantworten sollen.

- **COLLES:** Constructivist Online Learning Environment Survey (Konstruktivische Bewertung der Online-Lern-Umgebung). Laut [Moodle 2007] enthält COLLES 24 Aussagen, die in 6 Gruppen eingeteilt werden. Jede davon soll helfen die Qualität einer Online-Lern-Umgebung zu hinterfragen:

  - Wie bedeutend ist das Online-Lernen für die Berufspraxis der Studenten?

  - Widerspiegelung: Stimuliert das Online-Lernen das studentische kritisch-reflektive Denken?

  - Interaktivität: In welchem Maße engagieren sich Studenten online in Bildungs-Dialogen?

  - Trainer/innen und ihre Unterstützung: Wie gut ermöglichen es Trainer/innen den Studenten online am Lernen teilzunehmen?

  - Gruppenunterstützung: Wird von Kommilitonen eine feinfühlige und anspornende Unterstützung gegeben?

  - Interpretation: Haben Teilnehmer/innen und Trainer/innen einen guten Spürsinn für die gegenseitige Online-Kommunikation?

4.1.15 Wiki

Wiki-Texte können leicht gemeinsam von allen Teilnehmenden bearbeitet werden. Sie verwenden einfache Formate zur Gestaltung des Textes.

Wikis ermöglichen das gemeinsame Arbeiten an Texten und Konzepten in der Gruppe. Die Mitglieder arbeiten gemeinsam an einem Text, lesen, diskutieren, erweitern, ergänzen und kürzen den Text. Frühere Versionen werden nicht gelöscht. Sie können einfach wieder hergestellt werden.

Die Zugriffsrechte auf ein Wiki können so gestaltet werden, dass nur die Trainer/innen, einzelne Gruppen bzw. Kurse oder auch alle Teilnehmer/innen gemeinsam Zugriff darauf haben.

4.1.16 Workshop

Ein Workshop ist laut [Moodle 2007] eine Prüfungskonstellation mit einer Vielzahl von Optionen, die variiert werden können. Es erlaubt den Teilnehmer/innen sich gegenseitig mit den Arbeiten zu bewerten, genauso können Übungsprojekte in vielfältiger Weise bewertet werden. Das Modul organisiert die Sammlung und Verteilung der zu bewertenden Arbeiten.

Der große Vorteil dieses Moduls ist, dass die Teilnehmenden zu einem Perspektivenwechsel gezwungen werden und bei der Beurteilung der Arbeit anderer einen guten Blick für die eigene Arbeit entwickeln.

4.1.17 Überschrift/Text

Mit „Überschrift/Text" können z. B. direkt auf der Kursseite Anweisungen, Erklärungen, kurze Einführungstexte oder Überschriften angezeigt werden. Die einzelnen Themenblöcke lassen sich damit ordentlich beschriften. Bei längeren Abschnitten im Kursraum machen gelegentliche Zwischenüberschriften oder auch einführende Texte das Lesen leichter und helfen den Teilnehmern bei der Orientierung. Der Kurs wird übersichtlich.

4.1.18 Übung

Eine Übung ist eine einfache Aufgabenstellung, bei der die Teilnehmenden aufgefordert sind, selber eine Arbeit anzufertigen, z. B. ein Text, eine Präsentation oder eine Tabellenberechnung. Die Teilnehmenden müssen die eigene Arbeit nach der Fertigstellung selber bewerten und dann an den Lehrenden weiterleiten. Dieser kann beide Teile (Arbeit und Selbstbewertung) bewerten und ein Feedback dazu abgeben und gegebenenfalls dazu auffordern, die Arbeit zu überarbeiten und erneut abzugeben.

4.2 Blöcke

Blöcke sind nichts anderes als kleine Module mit zahlreichen Funktionalitäten, die sich über verschiedene Schalter bearbeiten lassen.

Schalter	Funktion
	Block einklappen
	Block ausklappen
	Rollen zuweisen
	Block verbergen
	Block anzeigen
	Block löschen
	Block nach oben verschieben
	Block nach unten verschieben
	Block nach rechts verschieben
	Block nach links verschieben

Tabelle 4.2.1 Überblick über die verschiedenen Schalter und deren Funktionen

Über das DropDown Menü im Modul „Blöcke" können gelöschte Blöcke wieder hinzugefügt werden. Dieses Modul ist nur im Bearbeitenmodus sichtbar. Der Inhalt des DropDown Menüs ist von der Rolle der Person abhängig, die gerade angemeldet ist.

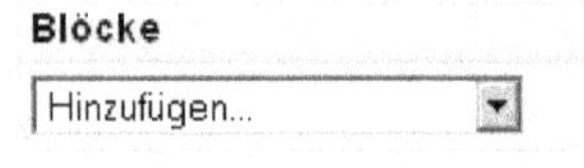

Abb.4.2.1 Screenshot „Modul Blöcke"

4.2.1 Der Block „Administration"

Die Links im Administrationsblock sind nur für die Trainer/innen des Kurses sichtbar, für die Teilnehmer sieht der Inhalt des Blocks anders aus, sie erhalten sozusagen eine eigene Version.

Mit dem Administrationsblock haben die Trainer/innen die Möglichkeit

- Grundlegende Kurseinstellungen durchzuführen,
- Ihr Profil zu bearbeiten,
- dem Kurs Teilnehmer/innen und zusätzliche Trainer/innen zuzuweisen,
- Gruppen zu verwalten,
- auf die Bewertungsskalen von Teilnehmerleistungen zugreifen,
- auf statistische Informationen zuzugreifen z. B. Wer hat welche Aktivität oder welches Material wie lange und wann angeschaut?
- auf das Trainer/innen-Forum zuzugreifen, das der Kommunikation der Trainer/innen untereinander dient

4.2.2 Der Block „Administratorlesezeichen"

Der Administrator hat die Möglichkeit, Seiten, bei denen häufig Einstellungen oder Veränderungen durchgeführt werden müssen, als Lesezeichen zu speichern. Damit können diese Seiten schnell wieder aufgesucht werden.

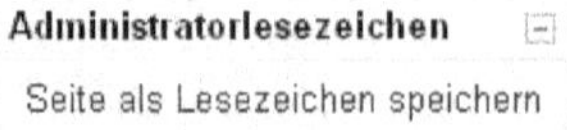

Abb.4.2.2.1 Screenshot „Block Administratorlesezeichen"

4.2.3 Der Block „Aktivitäten"

Im Aktivitäten-Block werden alle Aktivitäten angezeigt, die zu einem bestimmten Kurs angelegt wurden. Standardmäßig befindet sich dort nur die Aktivität „Foren", denn ein News-Forum existiert zu jedem Kurs.

Abb.4.2.3.1 Screenshot „Block Aktivitäten"

4.2.4 Der Block „Bald aktuell ..."

In diesem Block werden Termine angezeigt, die bald aktuell werden. Eine vorzeitige Erinnerung an kommende Termine also.

Abb.4.2.4.1 Screenshot „Block Bald aktuell... mit einem Beispieltermin"

4.2.5 Die Blöcke „Blog-Menü" und „Blog-Schlagworte"

In Moodle hat jeder Benutzer (Administration, Trainer/in, Teilnehmer/in) seinen eigenen Blog und jeder kann Blog-Schlagworte, so genannte Tags[1], erstellen.

Wenn ein neuer Blog-Eintrag über „Neuen Eintrag hinzufügen" gemacht wurde, kann der Benutzer auswählen, welcher Tag mit diesem Eintrag verbunden werden soll, es können auch mehrere Tags ausgewählt werden. Benutzer können auch auswählen, für wen der Eintrag zugänglich sein soll.

[1] Vereinfacht dargestellt handelt es sich dabei um virtuelle Post-its, die einem Inhalt zugeordnet werden. Im Prinzip geht es also um das Sortieren von Inhalten zum Zweck der leichteren Auffindung zu einem späteren Datum.

Die Blog-Sichtbarkeit ist standardmäßig so eingestellt, dass Blogs von allen Benutzern gesehen werden können.

Es sind aber auch noch weitere Einstellungen möglich:

- Benutzer können nur die Blogs von anderen sehen, mit denen sie einen gemeinsamen Kurs besuchen, oder mit denen sie in einer Gruppe zusammen sind.

- Blogs können auch vollständig gesperrt werden.

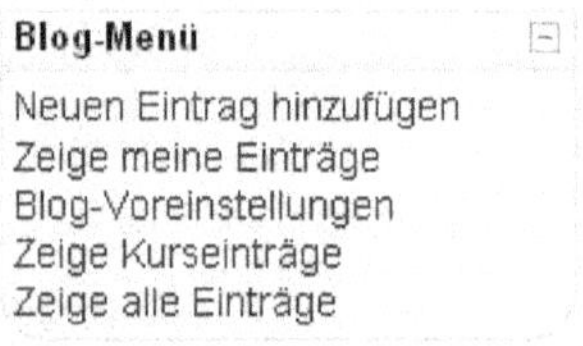

Abb.4.2.5.1 Screenshot „Block Blog-Menü“

Der Block Blog-Schlagworte zeigt eine Liste von Blogs, wobei die Schriftgröße anzeigt, wie stark ein Blog genutzt wird. Die häufiger genutzten Blogs werden in einer größeren Schriftgröße angezeigt als die weniger genutzten Blogs.

4.2.6 Der Block „Gehe zu ...“

Im mittleren Bereich von Moodle werden die Themen für mehrere Wochen im Voraus mit einer Kurzbeschreibung angezeigt. Dies kann schnell zu einer langen Scrollliste führen. Mit dem Block Gehe zu… kann man schnell zu den einzelnen Wochen navigieren.

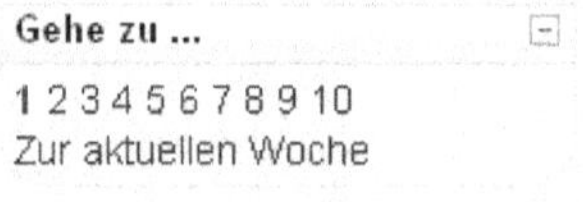

Abb.4.2.6.1 Screenshot „Block Gehe zu…“

4.2.7 Der Block „Globale Suche“

Die Globale Suche erlaubt die globale Textsuche in Ressourcen und Aktivitäten.

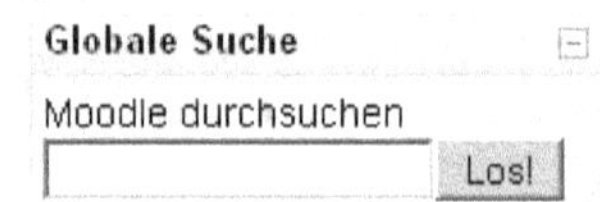

Abb.4.2.7.1 Screenshot „Block Globale Suche“

4.2.8 Der Block „Glossarblock“

Für den Glossarblock muss mindestens ein Glossar konfiguriert worden sein. Dieses kann dann ausgewählt werden, um Inhalte daraus anzeigen zu lassen. Dabei kann angegeben werden, welche Einträge aus dem Glossar und wie lange diese angezeigt werden sollen, damit dessen Inhalte im Glossarblock angezeigt werden.

4.2.9 Der Block „HTML“

HTML Blöcke lassen sich einerseits in den Seiten des Kursraums, andererseits aber auch in einigen Lernaktivitäten (Chat, Test) zur Verfügung stellen. Man kann den Teilnehmer/innen weiterführende Informationen zur Verfügung stellen, z. B. Links, Bilder oder Lektüre. Ein HTML-Block wird im Bearbeitenmodus hinzugefügt.

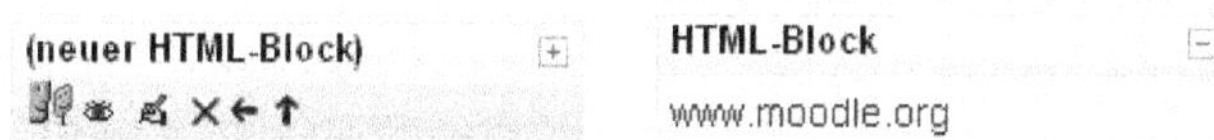

Abb.4.2.9.1 Screenshot „neuer HTML-Block im Bearebeitenmodus und ein fertig konfiguriertes Beispiel“

Durch Klick auf das Handsymbol gelangt man zu einer neuen Seite, auf der man den HTML-Block mit Hilfe eines HTML-Editors konfigurieren kann. Nachdem alle Änderungen gemacht wurden, klickt man auf die Schaltfläche „Änderungen speichern“.

4.2.10 Der Block „Kalender“

Der Kalenderblock zeigt folgende Termine an:

- **Für die Site (Allgemein):** dieser Termin ist in allen Kursen sichtbar – erstellt Administration,
- **für den Kursraum (Kurs):** dieser Termin ist nur für die Kursmitglieder sichtbar – erstellt Trainer/in,
- **für die Gruppe (Gruppe):** dieser Termin ist nur für die Mitglieder einer Gruppe sichtbar – erstellt Trainer/in,
- **für die Teilnehmenden (Teilnehmer/in):** dieser Termin ist nur vom Teilnehmenden selbst sichtbar – erstellt Teilnehmer/in

Diese Termine werden auch im Block Bald aktuell… angezeigt.

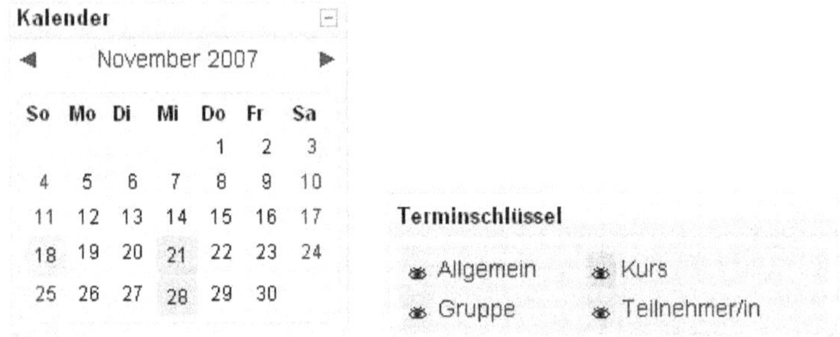

Abb.4.2.10.1 Screenshot „Block Kalender und der Terminschlüssel"

4.2.11 Die Blöcke „Kurse" und „Kursbeschreibung"

Der Kursblock listet alle Kurse, in welchen man eingeschrieben ist, sowohl als Trainer/in als auch als Teilnehmer/in. Der Blocktitel lautet „Meine Kurse", durch einen Klick auf einen im Block befindlichen Link gelangt man zum entsprechenden Kurs. Ist man dagegen noch in keinen Kurs eingeschrieben, lautet der Blocktitel „Kursbereiche".

Über den Link „Alle Kurse..." kann man sich alle Kurse anzeigen lassen. Wenn man auf einen Kurs klickt, in den man nicht eingeschrieben ist, wird man aufgefordert sich einzuschreiben.

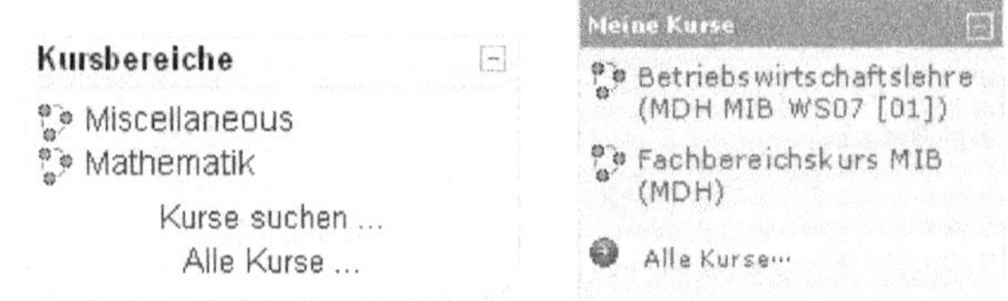

Abb.4.2.11.1 Screenshot „Block Kursbereiche und daneben der Block Meine Kurse"

Die Kursbeschreibung zeigt eine Zusammenfassung und/oder Beschreibung der Kurse im Kursblock.

In diesem Kurs werden die Grundlagen des Intgralrechnens behandelt.

Abb.4.2.11.2 Screenshot „Beispiel für den Block Kursbeschreibung"

4.2.12 Der Block „Login"

Damit die Benutzer/innen Moodle verwenden können, müssen sie sich zuallererst anmelden. Dafür erhalten sie von der Administration einen Benutzernamen und ein Passwort. Diese Informationen müssen sie auf der Login-Seite eingeben. Man kann sich auch ohne Benutzername und Passwort als Gast anmelden.

Zur Nutzung ist ein Login notwendig

Geben Sie Ihren Anmeldenamen und das Kennwort ein
(Cookies müssen in Ihrem Browser aktiviert sein!)

Anmeldename admin
Kennwort Login

Einige Kurse sind für Gäste zugelassen
Als Gast anmelden

Anmeldename oder Kennwort vergessen?
Ja, bitte beim Login helfen

Abb.4.2.12.1 Screenshot „Login Seite“

4.2.13 Der Block „Mentoren“

Dieser Block dient dazu, den Trainer/innen einen schnellen Überblick über die Profile ihrer Teilnehmer/innen zu geben. Sie erhalten damit Zugriff auf spezielle Informationen über ihre Teilnehmer/innen wie z. B. Noten, Blog-Einträge etc.

4.2.14 Der Block „Mitteilungen“

Mitteilungen ermöglichen die Eins-zu-eins-Kommunikation zwischen Teilnehmenden und/oder Kursleitern, ähnlich wie bei Chats oder E-Mail. Im Mitteilungenblock werden erhaltene Mitteilungen angezeigt. Der Block wird alle 60 Sekunden aktualisiert.

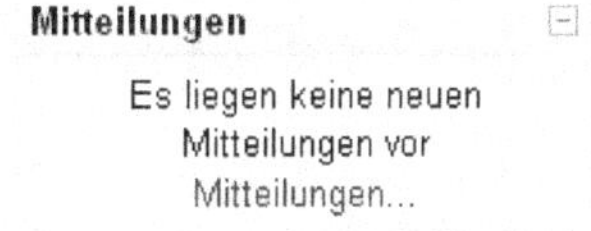

Abb.4.2.14.1 Screenshot „Block Mitteilungen“

Beim ersten Besuch des Blocks Mitteilungen ist die Kontaktliste noch leer.

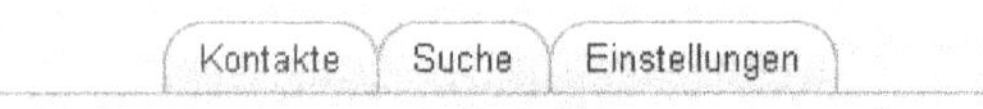

Deine Kontaktliste ist zur Zeit noch leer

Verwende die Suchoption oben, um eine Mitteilung an jemanden zu versenden oder einen Eintrag im Verzeichnis zu erstellen.

Diese Seite wird automatisch nach 60 Sekunden aktualisiert

Abb.4.2.14.2 Screenshot „Block Mitteilungen Popup-Fenster"

Über das Register „Suche" kann man andere Benutzer suchen und zu den Kontakten hinzufügen. Sind Kontakte vorhanden, wird zwischen Online- und Offline-Kontakten unterschieden. Das heißt, wenn ein Benutzer bei Moodle gerade online ist, erscheint er in der Kontaktliste unter den Online-Kontakten. Wenn man eine Mitteilung senden möchte, klickt man den Namen des entsprechenden Kontaktes an. Ein weiteres Popup Fenster mit einem Texteditor öffnet sich. Hier kann man seine Nachricht eingeben und durch einen Klick auf „Mitteilung senden" abschicken. Dieser wird an Online-Kontakte sofort weitergereicht.

4.2.15 Der Block „Neueste Aktivitäten"

Im Block „Neueste Aktivitäten" werden, die aktuellen Aktivitäten seit der letzten Anmeldung angezeigt.

Neueste Aktivitäten

Aktivität seit Sonntag, 18. November 2007, 21:13
Alle Aktivitäten der letzten Zeit

Nichts Neues seit deinem letzten Login

Abb.4.2.15.1 Screenshot „Block Neueste Aktivitäten"

4.2.16 Der Block „Neueste Nachrichten"

Im Block „Neueste Nachrichten" werden die aktuellen Nachrichten aus dem News Forum angezeigt. standardmäßig sind es die drei neuesten Nachrichten. Diese Einstellung kann aber jederzeit geändert werden.

Abb.4.2.16.1 Screenshot „Block Neueste Nachrichten"

4.2.17 Der Block „Online-Aktivitäten"

Der Block Online-Aktivitäten zeigt, welche Benutzer/innen gerade online angemeldet sind. Die Liste wird alle 5 Minuten aktualisiert.

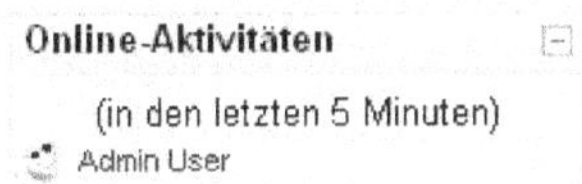

Abb.4.2.17.1 Screenshot „Online-Aktivitäten mit dem Beispiel des Admin User"

4.2.18 Der Block „Personen"

Durch einen Klick auf „Teilnehmer/innen" werden alle Teilnehmer/innen angezeigt, die in den aktuellen Kurs eingeschrieben sind.

Abb.4.2.18.1 Screenshot „Block Teilnehmer/innen"

4.2.19 Der Block „Suche in Foren"

Mit diesem Block ist es möglich die Kursforen zu durchsuchen. Über die erweiterte Such gelangt man zu einer Eingabemaske, mit Hilfe derer man die Suche spezifizieren kann.

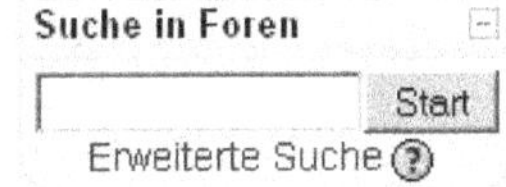

Abb.4.2.19.1 Screenshot „Block: Suche in Foren"

4.2.20 Der Block „Testergebnisse"

In diesem Block werden die besten oder schlechtesten Ergebnisse angezeigt, die in einem Test erreicht wurden. Damit dieser Block richtig konfiguriert werden kann, muss es mindestens einen Test im aktuellen Kurs geben, der ausgewählt werden kann.

4.2.21 Der Block „Website-Administration“

Dieser Block wird auf der Startseite der Administration angezeigt. Er dient, wie der Blocktitel bereits ausdrückt, dazu die gesamte Moodle-Website zu administrieren.

Dazu gehört unter anderem:

- die Gestaltung der Startseite und das Festlegen eines Designs für die gesamte Moodle-Website mit den Kursen und Kurskategorien, dem Kalender, etc.,
- die Einrichtung von sinnvollen Kurskategorien,
- die Systemsprache einstellen bzw. neue Sprachpakete installieren,
- neue Benutzer/innen anlegen und das Zuweisen von Rollen und Berechtigungen,
- regelmäßige Sicherungen von Moodle durchführen etc.

Letztendlich muss sich die Administration um die Pflege des gesamten Systems kümmern.

4.2.22 Der Block „Zugriff auf RSS-Feeds[2]“

In diesem Block können RSS-Feeds von fremden Webseiten angezeigt werden. Der Block wird immer upgedated, wenn sich die Informationen auf der fremden Webseite ändern.

Zugriff aus Newsfeed
Klicke hier, um den Block zur Anzeige von RSS-Feeds zu konfigurieren
SPIEGEL ONLINE - UniSPIEGEL
Hinzufügen/Bearbeiten von Feeds
Erst Ingenieur, dann Künstler: Raphael und der Feuerregen
Studium in Nordkorea: Warme Fürsorge vom "Großen Führer"
Zoff in Bayern: "Die Bauern-Uni ist eine Lachnummer"
Bafög-Betrüger: Und dann kam Post vom Staatsanwalt
Uni-Karriere: Gitarren-Legende May macht den Kanzler

Abb.4.2.22.1 Screenshot „Block Zugriff aus Newsfeed und konfigurierter Block mit“

[2] RSS ist die Abkürzung für Really Simple Syndication. Diese Technologie ermöglicht es dem User, die Inhalte einer Webseite – oder Teile davon – zu abonnieren. Neue Inhalte können so automatisch auf den PC geladen werden, sobald sie veröffentlicht werden.

5 Die verschiedenen Moodle-Rollen

Ab der Moodle-Version 1.8 gibt es sieben unterschiedliche, vordefinierte Rollen. Diesen Rollen sind unterschiedliche Rechte zugeordnet, die von der Administration der Lernumgebung gepflegt werden.

Rolle	Rechte
Administrator bzw. Administration	Die Administration besitzt die meisten Rechte innerhalb der Lernumgebung. Sie kann alle anderen hierarchisch untergeordneten Rollen wahrnehmen.
Course creator bzw. Kursersteller/in	Kursersteller/innen können in der Lernumgebung neue Kurse erstellen und in diesen lehren.
Teacher bzw. Trainer/in	Trainer/innen sind Administratoren innerhalb eines Kurses, sie können die Lernaktivitäten ändern und Studenten benoten.
Non-editing teacher bzw. Trainer/in ohne Autorenrecht	Trainer/innen ohne Editorrecht können Studenten benoten und in ihren Kursen unterrichten, aber keine Lernaktivitäten hinzufügen oder bearbeiten.
Student bzw. Teilnehmer/in	Teilnehmer/in ist die Standardrolle für neue Personen in einem Kurs.
Authenticated user bzw. Authentifizierte/r Nutzer/in	Authentifizierte/r Nutzer/in ist die Rolle, die ein angemeldeter Nutzer erhält, solange er sich außerhalb eines Kurses bewegt.
Guest bzw. Gast	Gast entspricht der Rolle mit den geringsten Rechten. Sie können nur Kurse betreten, in denen ein Gastzugang erlaubt ist.

Tabelle 4.2.1 Überblick über die verschiedenen Rollen und deren Rechte

5.1 Die Administration, deren Rechte und Aufgaben

Vereinfacht ausgedrückt ist die Moodle-Administration für die Pflege des gesamten Systems verantwortlich. Dafür dient vor allem der Block Website-Administration, der auf der Startseite für die Administration angezeigt wird. In den folgenden Kapiteln werden die Unterpunkte dieses Blocks genauer beschrieben.

Website-Administration

- Mitteilungen
- Nutzer/innen
- Kurse
- Bewertungen
- Lokales
- Sprache
- Module
- Sicherheit
- Aussehen
- Startseite
- Server
- Netzwerk
- Berichte
- Verschiedenes

Suchen

Abb.5.1.1 Screenshot „Block Website-Administration"

5.1.1 Mitteilungen

- Das Cron-Script[3] kann von hier aus ausgeführt werden.

Das Cron-Script wurde in den letzten 24 Stunden nicht ausgeführt.

Abb. 5.1.1.1 Screenshot „Cron-Script Meldung"

- Informationen zum Copyright, der Lizenz und der Version sind hier zu finden.

Moodle 1.9 Beta 2 (2007101503)
Copyright © 1999 onwards, Martin Dougiamas
and many other contributors.
GNU Public License

Abb.5.1.1.2 Screenshot „Informationen zum Copyright, zur Lizenz und Version"

- Es findet sich eine Schaltfläche „Moodle-Registrierung", um Moodle registrieren zu lassen.

[3] Einige Module von Moodle prüfen regelmäßig, ob bestimmte Aufgaben ausgeführt werden müssen. Moodle überprüft z.B. ob es im Forum neue Einträge gibt, die per Email an Nutzer versandt werden müssen. Das Cron-Script steuert all diese Vorgänge. Es befindet sich im Admin-Verzeichnis und heißt cron.php. Man muss erst einen Mechanismus einrichten, damit diese Datei z.B. alle fünf Minuten ausführt wird.

5.1.2 Nutzer/innen

- Im Unterpunkt Authentifizierung können Plugins ausgewählt werden, die man zur Authentifikation verwenden möchte z.B. E-Mail basiert, Externe Datenbank, POP3-Server, etc. Hier kann auch festgelegt werden, ob sich Benutzer/innen selbst registrieren dürfen und ob die Schaltfläche für das Gast-Login angezeigt werden soll.

- Im Unterpunkt Nutzerkonten kann man
  - sich eine Nutzerliste anzeigen lassen,
  - Nutzerprofile hoch laden, oder
  - neue Nutzer/innen anlegen.

Zum Anlegen von neuen Nutzer/innen geht man folgendermaßen vor:

a) Auf „Nutzer/in neu anlegen" klicken

General

Zusätzliche Felder anzeigen

Anmeldename*

Neues Kennwort* Klartext

Kennwortänderung

Vorname*

Nachname*

E-Mail-Adresse*

E-Mail-Adresse anzeigen: Ja, nur für Kursteilnehmer/innen sichtbar

E-Mail-Adresse aktivieren: Ja, Nachrichten an diese Adresse senden

Stadt/Ort*

Land auswählen*: Land auswählen...

Zeitzone: Lokale Serverzeit

Bevorzugte Sprache: Deutsch - Du (de_du)

Beschreibung

Abb.5.1.2.1 Screenshot „auszufüllendes Formular Nutzer/in neu anlegen"

b) Im Formular mindestens die mit Stern gekennzeichneten Pflichtfelder ausfüllen.

Bild von

Aktuelles Bild Keine
Löschen
Neues Foto (Maximale Größe: 16MB) Durchsuchen...
Bildbeschreibung

Interessen

Interessenfelder

Optional

Zusätzliche Felder anzeigen

Profil aktualisieren
Die markierten Felder in diesem Formular sind Pflichtfelder. Diese müssen ausgefüllt werden.

Abb.5.1.2.2 Screenshot „Zweiter Teil des Formulars Nutzer/in neu anlegen"

c) Zusätzlich kann noch ein Bild auf den Server hochgeladen und Interessen eingegeben werden.

d) Hat man alle Eingaben gemacht auf die Schaltfläche „Profil aktualisieren" klicken.

- Im Unterpunkt Zugriffsrechte geht es um die Verwaltung der Rollen, das heißt hier kann man
  - Rechte vergeben, damit z. B. auch Trainer/innen Rollen zuweisen können und
  - festlegen, welche Standardrolle verschiedenen Benutzergruppen z. B. Besuchern, eingeloggten Benutzern etc. zugewiesen werden sollen.
  - neue Rollen hinzufügen,

Eine neue Rolle hinzufügen:

a) Um die verschiedenen Rollen zu bearbeiten, klickt man im Block Website-Administration auf „Zugriffsrechte" und dann auf „Rollen verwalten".

b) Im rechten Bereich sind alle zur Verfügung stehenden Rollen aufgelistet. Durch Klick auf die Schaltfläche „Neue Rolle hinzufügen" kann man eine neue Rolle z. B. Dozent erstellen.

Rollen

Name	Beschreibung	Kurzbezeichnung	Bearbeiten
Administrator	Administrators can usually do anything on the site, in all courses.	admin	
Course creator	Course creators can create new courses and teach in them.	coursecreator	
Teacher	Teachers can do anything within a course, including changing the activities and grading students.	editingteacher	
Non-editing teacher	Non-editing teachers can teach in courses and grade students, but may not alter activities.	teacher	
Student	Students generally have less privileges within a course.	student	
Guest	Guests have minimal privileges and usually can not enter text anywhere.	guest	
Authenticated user	All logged in users.	user	

Neue Rolle hinzufügen

Abb.5.1.2.3 Screenshot „Rollen in Moodle"

c) Will man eine bereits vordefinierte Rolle duplizieren, klickt man auf die Rolle, die man duplizieren möchte z. B. Teacher, um zu den Rollendetails zu gelangen. Dann klickt man auf die Schaltfläche „Diese Rolle duplizieren" und bestätigt die Abfrage mit „Ja".

Rollendetails sehen

Rolle auswählen: Teacher

Bearbeiten | Grundeinstellungen wiederherstellen | Diese Rolle duplizieren | Alle Rollen auflisten

Name: Teacher
Kurzbezeichnung: editingteacher
Beschreibung: Teachers can do anything within a course, including changing the activities and grading students.
Basisrollentyp: Basisrolle: Trainer/in

Abb.5.1.2.4 Screenshot „Rollendetails"

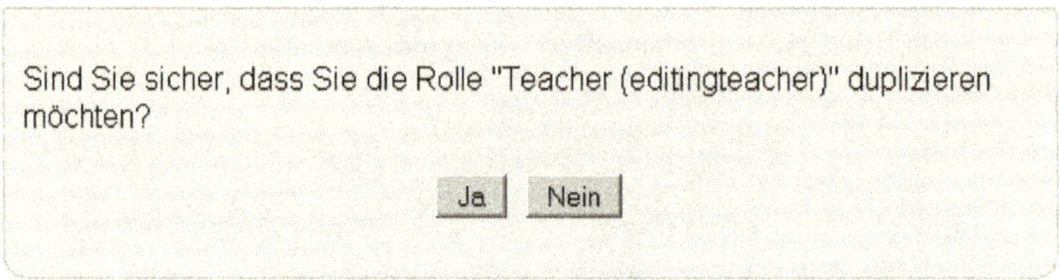

Sind Sie sicher, dass Sie die Rolle "Teacher (editingteacher)" duplizieren möchten?
Ja
Nein

Abb.5.1.2.5 Screenshot „Abfrage duplizieren bestätigen“

d) Es existiert nun eine Rolle „Teacher Kopie 1“, die man nun an seine Bedürfnisse anpassen kann, z. B. umbenennen in Dozent und Rechte hinzufügen oder wegnehmen, indem man bei den Rollendetails auf die Schaltfläche „Bearbeiten“ klickt.

Teacher Kopie 1 duplicate of Teacher editingteache_1

Abb.5.1.2.6 Screenshot „Duplizierte Rolle“

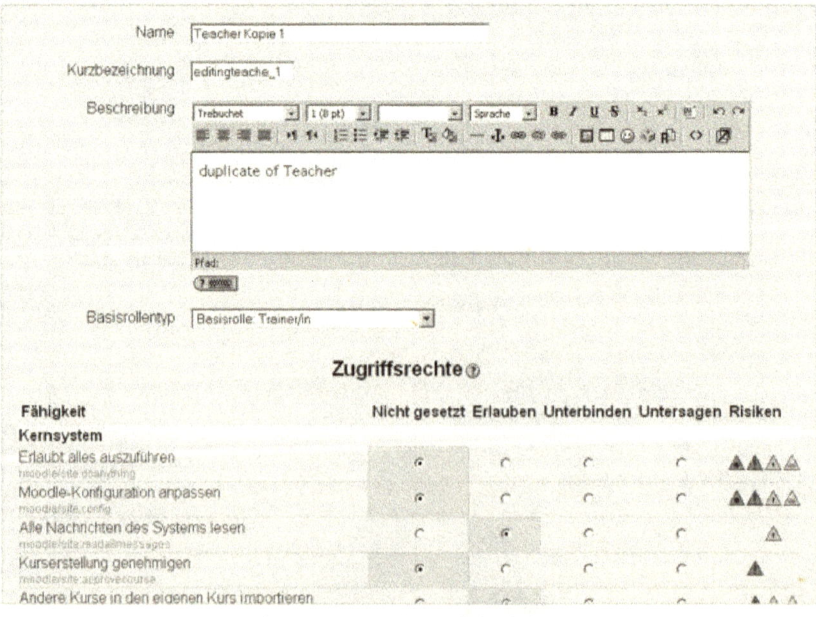

Abb.5.1.2.7 Screenshot „Rolle bearbeiten“

5.1.3 Kurse

- Im Unterpunkt Verwaltung geht es um die Verwaltung von Kursbereichen, das heißt hier kann man neue Kursbereiche und Unterbereiche hinzufügen, diesen Bereichen Rollen zuweisen, neue Kurse in den Kursbereichen anlegen und den Kursen Rollen zuweisen.

Anlegen eines neuen Kursbereiches und diesem eine Rolle zuweisen:

a) Im Block Website-Administration auf „Kurse“ und dann auf „Verwaltung“ klicken.

b) Auf die Schaltfläche „Neuen Kursbereich hinzufügen“ klicken.

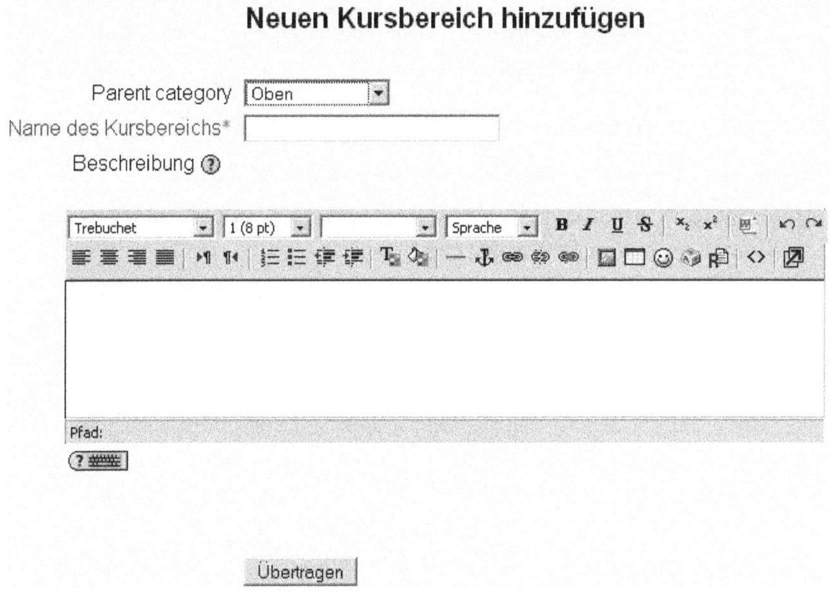

Abb.5.1.3.1 Screenshot „Neuen Kursbereich hinzufügen“

c) Im Formular muss man mindestens einen Namen für den neuen Kursbereich angeben. Des Weiteren kann angegeben werden, welches die übergeordnete Kategorie ist. Lässt man „Oben“ stehen, bedeutet dies, dass der angelegte Kursbereich ein eigener, nicht untergeordneter Bereich ist.

d) Hat man alle Eintragungen gemacht, muss man auf die Schaltfläche „Übertragen“ klicken, um den neuen Kursbereich anzulegen.

e) Den gewünschten Kursbereich auswählen, dem man eine Rolle zuweisen möchte.

f) Auf den Link „Rollen zuweisen“ klicken

Bearbeiten ausschalten

Rollen zuweisen

Kursbereiche: Latein

Edit this category | Unterbereich hinzufügen

Keine Kurse in diesem Kursbereich

Neuen Kurs anlegen

Kurse suchen: Start

Abb.5.1.3.2 Screenshot „Einem Kursbereich eine Rolle zuweisen“

g) Die Rolle auswählen, die man zuweisen möchte, z. B. „Course Creator“.

h) Die Nutzer/innen markieren, die als Course Creator fungieren sollen und auf die Schaltfläche mit dem nach links zeigenden Pfeil klicken.

i) Die hier durchgeführte Rollenzuweisung gilt nur für die Kursbereiche bzw. Kurse.

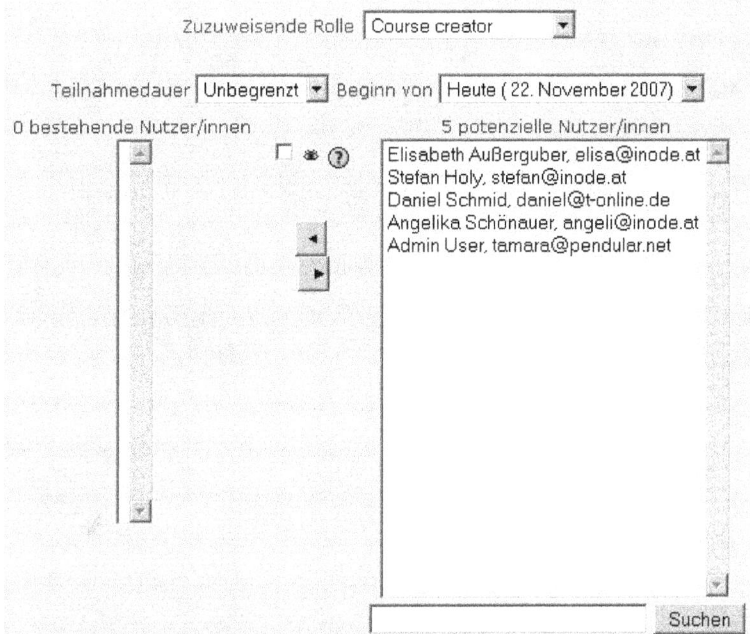

Abb.5.1.3.3 Screenshot„Rollen zuweisen, als Beispiel die Rolle Course Creator"

Das Anlegen von Kursen gehört nicht zum Aufgabenbereich des Administrators, sondern ist Aufgabe der Kursersteller/innen und wird deshalb auch gesondert im Abschnitt 5.2 besprochen.

- Im Unterpunkt Einschreibung können Einstellungen gemacht werden, ob und wie sich Teilnehmer/innen in einen Kurs einschreiben dürfen.

- Im Unterpunkt Beantragung kann eingestellt werden, ob Teilnehmer/innen Anfragen zum Einrichten eines Kurses stellen dürfen.

- Im Unterpunkt Sicherung kann angegeben werden, welche Informationen in die Sicherung miteinbezogen werden sollen, z. B. Aktivitäten, Nutzerdaten, Kursdateien etc.

5.1.4 Bewertungen

- Mit Hilfe der Unterpunkte können alle möglichen Einstellungen zu Bewertungen gemacht werden, unter anderem

  – wie Bewertungen dargestellt werden sollen z. B. mit Punkten oder Prozenten,

- welche Bewertungen in die Auswertungen miteinbezogen werden sollen, z. B. sollen die schlechtesten Bewertungen weggelassen werden?

- Man kann neue Bewertungsskalen für die Art und Weise von Bewertungen anlegen,

- Man kann Lernziele definieren,

- Man kann Einstellungen machen wie die Bewertungsübersichten dargestellt werden sollen, etc.

5.1.5 Lokales

- Mit Hilfe der Unterpunkte werden Einstellungen zur Zeitzone oder zum Land gemacht und ob die Teilnehmer/innen ihre Zeitzone selbst einstellen dürfen.

5.1.6 Sprache

- Mit Hilfe der Unterpunkte können z. B. Einstellungen zur Standardsprache gemacht werden oder eingestellt werden, wo das Sprachmenü angezeigt werden soll. Des Weiteren können hier Menü- und Hilfetexte angepasst werden, und neue Sprachpakete installiert werden.

Ein neues Sprachpaket installieren:

a) Im Block Website-Administration auf „Sprache“ und dann auf „Sprachpakete“ klicken.

b) Man sieht alle verfügbaren und alle bereits installierten Sprachpakete.

c) Das gewünschte Sprachpaket markieren und auf installieren klicken.

Ein von der Webseite [Moodle 2007] herunter geladenes Sprachpaket installieren:

a) Nach dem Herunterladen dieses Sprachpaket auf dem Webserver in den Ordner „moodledata – lang“ entzippen.

b) Dann muss man auf die Schaltfläche „Sprachpakete aktualisieren“ klicken.

c) Das neue Sprachpaket befindet sich nun unter „Installierte Sprachpakete“.

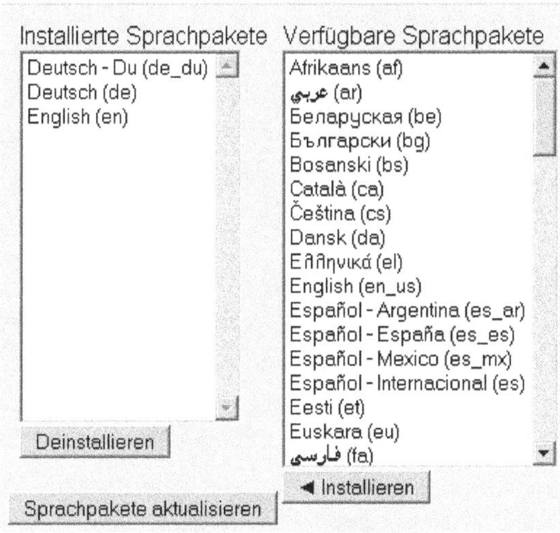

Abb.5.1.6.1 Screenshot „Sprachpakete installieren"

5.1.7 Module

- Im Unterpunkt Aktivitäten können Einstellungen zu den verschiedenen Lernaktivitäten vorgenommen werden z. B. eine Aktivität einblenden, ausblenden oder löschen. Des Weiteren ist hier ersichtlich, wo die Lernaktivitäten verwendet werden.

- Im Unterpunkt Blöcke können ebenfalls, wie beim Unterpunkt Aktivitäten, Einstellungen zu den in Moodle vorhandenen Blöcken durchgeführt werden. Auch hier ist ersichtlich, wo die Blöcke eingesetzt werden.

- Im Unterpunkt Filter wird festgelegt, welche Filter bei der Anzeige von Seiteninhalten und in welcher Reihenfolge sie angewandt werden. Für einige Filter stehen zusätzliche Einstellungsoptionen zur Verfügung. Filter beeinflussen die Darstellung der meisten Textseiten, kurz bevor sie nutzerseitig mit dem Webbrowser dargestellt werden.

5.1.8 Sicherheit

- Im Unterpunkt Website-Rechte geht es um Sicherheitseinstellungen, die die gesamte Moodleplattform betreffen, z. B.

  - kann hier eingestellt werden, dass sich Nutzer/innen zwingend anmelden müssen,

  - man kann das Moodlesystem für Google zugänglich machen, damit die Inhalte indiziert werden,

- man kann zahlreiche Passwortregeln wie Mindestlänge, Sonderzeichenpflicht etc. vergeben etc.

- Mit HTTP-Sicherheit kann man erzwingen, dass der Anmeldevorgang nur über eine gesicherte Verbindung laufen darf.

- Mit der Modul-Sicherheit kann eingestellt werden, ob Trainer/innen Lernaktivitäten in einem Kurs deaktivieren dürfen oder auch, welche Module beim Einrichten eines Kurses standardmäßig aktiviert sein sollen.

- Über den Unterpunkt Benachrichtigungen kann z. B. festgelegt werden, dass bei fehlgeschlagenen Login-Versuchen E-Mail Benachrichtigungen an die Administration gesendet werden sollen.

- Über den Punkt Antivirus kann eingestellt werden, dass hochgeladene Dateien immer auf Viren untersucht werden müssen und wie bei einem gefundenen Virus reagiert werden soll.

5.1.9 Aussehen

- Im Unterpunkt Design geht es vor allem darum, das Design für die Website, die Kurse und Kurskategorien festzulegen. Dabei kann angegeben werden, ob Trainer/innen und Teilnehmende das Design verändern dürfen, ob sie Blöcke ein- und ausblenden dürfen, ob sie benutzerdefinierte Designs verwenden dürfen etc. Es stehen auch schon einige vorgefertigte Themes zur Verfügung, die man durch einen Klick auf „Auswahl" auswählen kann.

- Des Weiteren kann hier
  - das Aussehen des Kalenders oder des HTML-Editors verändert werden,
  - ein Link zu einer eigenen Dokumentation angegeben werden,
  - angegeben werden, welche Rollen in den Bewertungen und Kursbeschreibungen erscheinen sollen,
  - angegeben werden, ob es feste, also nicht mehr veränderbare Blöcke geben soll,
  - AJAX (erweiterte auf JavaScript basierende Client-Server-Schnittstelle) aktiviert werden,
  - MyMoodle (ist eine für die Benutzer individuell gestaltbare Seite) aktiviert werden.

5.1.10 Startseite

- Im Unterpunkt Einstellungen geht es um Einstellungen, die die Startseite betreffen, also z. B. der Name, die Kurzbezeichnung und die Beschreibung der gesamten Website.

- Im Unterpunkt Rollen findet man die verschiedenen Rollen und kann diese den Benutzern zuweisen. Die hier durchgeführte Rollenzuweisung gilt für die gesamte Moodle-Site, also auch für die Kursbereiche und Kurse.

Rollen zuweisen:

a) Im Block Website-Administration auf „Startseite" und dann auf „Rollen" klicken

b) Es werden alle verfügbaren Rollen angezeigt.

c) Eine Rolle auswählen, die man einem Benutzer/in zuweisen möchte, z. B. „Teacher".

d) Man gelangt zu folgender Seite

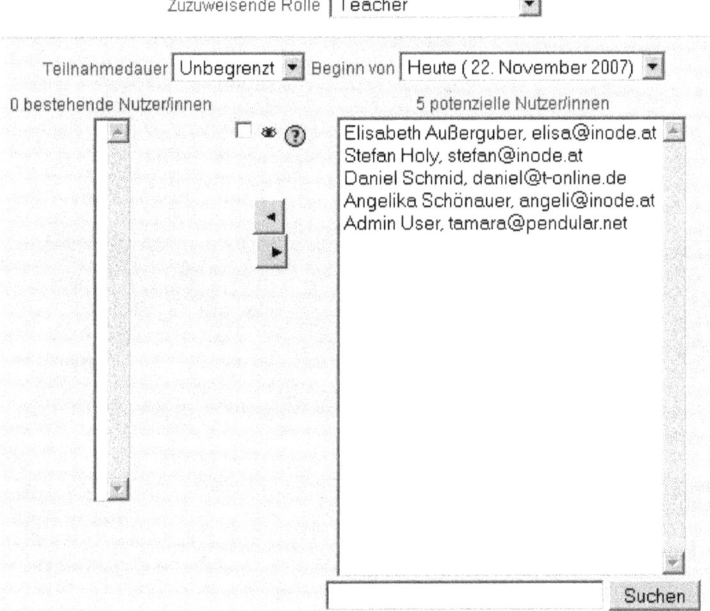

Abb.5.1.10.1 Screenshot „Rollen zuweisen, als Beispiel die Rolle Teacher"

e) Die Nutzer/innen markieren, denen man die Rolle „Teacher" zuweisen möchte.

f) Auf die Schaltfläche mit dem Pfeil nach links klicken – fertig.

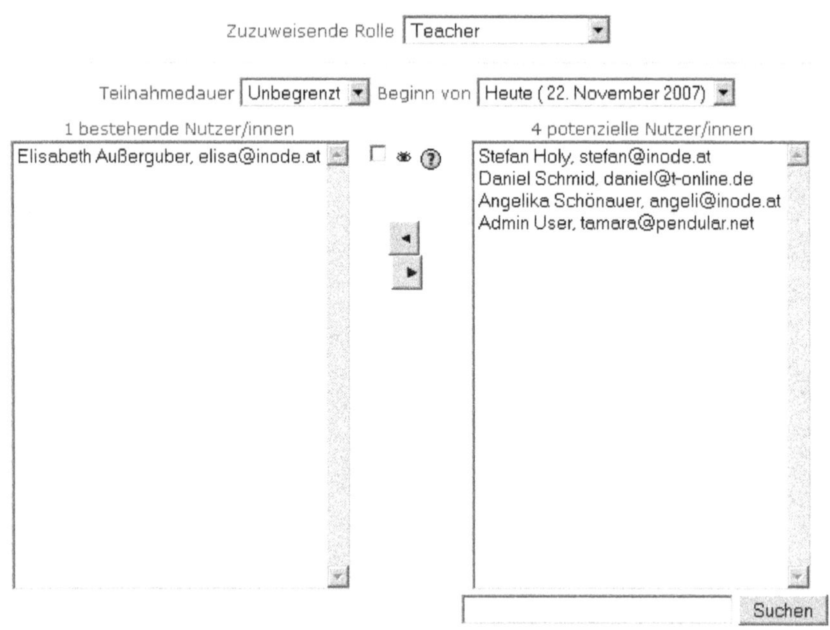

Abb.5.1.10.2 Screenshot „Rollen zuweisen, ausgewählte Nutzerin“

- Im Unterpunkt Sicherung stellt man ein, welche Daten gesichert werden sollen.
- Im Unterpunkt Wiederherstellung hat man die Möglichkeit, die gesicherten Daten wieder herzustellen.
- Im Unterpunkt Front Page Questions kann eine Fragenliste erstellt werden, die auf der Startseite angezeigt wird.
- Über den Unterpunkt Dateien können Dateien hoch geladen werden, die dann aber von jedem, der die URI kennt, herunter geladen werden können.

5.1.11 Server

- Hier werden Einstellungen vorgenommen, die den Server betreffen, auf dem Moodle installiert ist. Es können z. B. Einstellungen gemacht werden
  - zu Zip-Programmen, die verwendet werden sollen,
  - zu SMTP-Servern, die für den E-Mail-Versand genutzt werden sollen,

- zum Proxy-Server, falls Moodle über einen solchen auf das Internet zugreift,
- zu Aufräumarbeiten, das heißt, dass Teilnehmer/innen, die lange nicht mehr an einem Kurs teilgenommen haben automatisch nach einer gewissen Zeit ausgetragen werden.
- zum zu verwendenden Cache-Typ

5.1.12 Netzwerk

- Hier kann z. B. eingestellt werden, dass alle anfragenden Hosts von anderen Moodle-Systemen automatisch registriert werden.
- Des Weiteren kann man bestimmten Benutzern von anderen Moodle-Systemen den Zugriff erlauben bzw. sperren.

5.1.13 Berichte

- Hier kann man sich Statistiken oder Logdaten anzeigen lassen oder z. B. Systemtests durchführen und sich die Berichte dazu anzeigen lassen.

5.1.14 Verschiedenes

- Hier finden sich Funktionen, die noch nicht fertig umgesetzt sind.

5.2 Kursersteller/innen, Rechte und Aufgaben

Kursersteller/innen sind dafür verantwortlich, in der Lernumgebung neue Kurse zu erstellen. Sobald sie einen Kurs erstellen, wird ihnen auch automatisch die Rolle Trainer/in zugewiesen.

Kursersteller/innen können in diesen auch Lernmaterialien und Lernaktivitäten anlegen und in den Kursen lehren, obwohl dies mehr zu den Aufgaben der Trainer/innen gehört.

Trainer/innen können dagegen, je nachdem ob sie mit oder ohne Autorenrecht ausgestattet sind, bestehende und ihnen zugewiesene Kurse zwar um Aktivitäten und Lernmaterial erweitern, aber selbst keine Kurse erstellen.

Diese strikte Trennung muss aber nicht unbedingt eingehalten werden, das heißt, dass auch Kursersteller/innen in Kursen unterrichten können.

5.2.1 Anlegen eines neuen Kurses in einem Kursbereich:

- Hat der Administrator bei den Einstellungen für die Startseite nach dem Einloggen eingestellt, dass die Liste der Kursbereiche angezeigt werden soll, sehen die Kursersteller/innen nach dem Login eine Übersicht über alle zur Verfügung stehenden Kursbereiche.

Abb.5.2.1.1 Screenshot „Block Kursbereiche mit einigen Kursbereichen als Beispiel nach dem Login“

- Auf den Kursbereich klicken, in welchem man einen Kurs anlegen möchte, z. B. Englisch
- Auf die Schaltfläche „Neuen Kurs anlegen“ klicken.

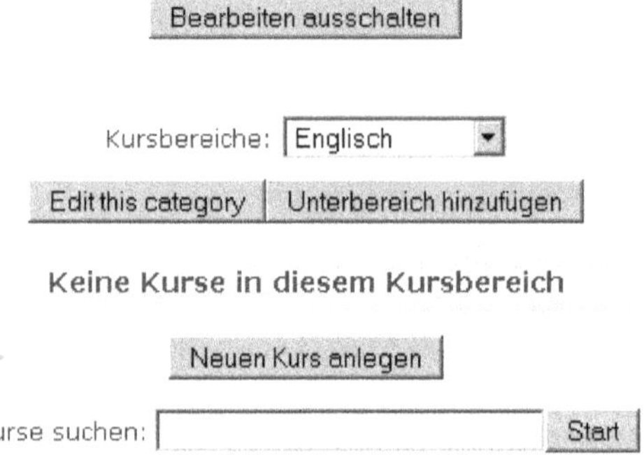

Abb.5.2.1.2 Screenshot „Neuen Kurs anlegen“

- Man kommt zu einer Formularseite, auf der man die Kurseinstellungen vornimmt.

Kurseinstellungen bearbeiten

Grundeinträge

Kursbereich: Englisch
Vollständiger Name*: Kursname
Kurzbezeichnung*: Kurs101
Kurs-ID:
Beschreibung*:

Trebuchet | 1 (8 pt) | Sprache

Beschreibe kurz und prägnant, worum es in diesem Kurs geht.

Pfad:

Abb.5.2.1.3 Screenshot „Kurseinstellungen bearbeiten – Grundeinträge"

- Einzugeben sind hierbei als Pflichtfelder ein Kursname, eine Kurzbezeichnung und eine Beschreibung, worum es in dem Kurs geht.

- Weitere Einstellungen betreffen z. B. das Kursformat, den Kursbeginn, ob Nachrichten aus dem Forum angezeigt werden sollen, wie groß die Dateien sein dürfen, die Benutzer hoch laden dürfen, etc.

- Beim Kursformat wird laut [Moodle 2007] unterschieden zwischen

  - **Wochen-Format:** Der Kurs wird in Wochen aufgeteilt mit festgelegtem Beginn und Ende. Jede Woche enthält Aktivitäten.

  - **Wochen-Format - CSS/Ohne Tabellen**: Dieses Kursformat entspricht dem Wochenformat. Es ist jedoch im Hinblick auf die Anforderungen an Barrierefreiheit optimiert.

  - **Themen-Format:** Das Themen-Format ist dem Wochen-Format sehr ähnlich, der Unterschied besteht im Wesentlichen darin, dass die Einteilung der Kursinhalte nicht nach Wochen, sondern nach Themen erfolgt. Ein Thema ist nicht begrenzt auf einen bestimmten Zeitraum.

  - **Soziales Format:** In diesem Format steht ein Hauptforum (offenes Kommunikationsforum) im Mittelpunkt des Kurses. Das Forum bildet den zentralen Inhalt der Kursseite. Dieses Format ist sinnvoll für Kurse, in denen die Teilnehmer/innen viel Freiraum erhal-

ten sollen, z.B. für ein „Schwarzes Brett“ einer Abteilung, wo allgemeine Fragen diskutiert werden können.

- **LAMS-Format:** Dieses Kursformat übernimmt Lernprozesse, die mit Hilfe von LAMS (Learning Activity Management System) entwickelt wurden und auf einem separaten LAMS-System bereitgestellt werden. Dieses Kursformat kann nur genutzt werden, wenn LAMS installiert wurde.

- **SCORM-Format:** In diesem Kursformat kann ein Lernmodul aus einem SCORM-Autorenprogramm eingesetzt werden. Ähnlich wie beim „Sozialen Format“, bei dem ein Forum in der Mitte des Kursraumes steht, wird beim SCORM-Format ein SCORM-Lernmodul ins Zentrum des Kurses gestellt.

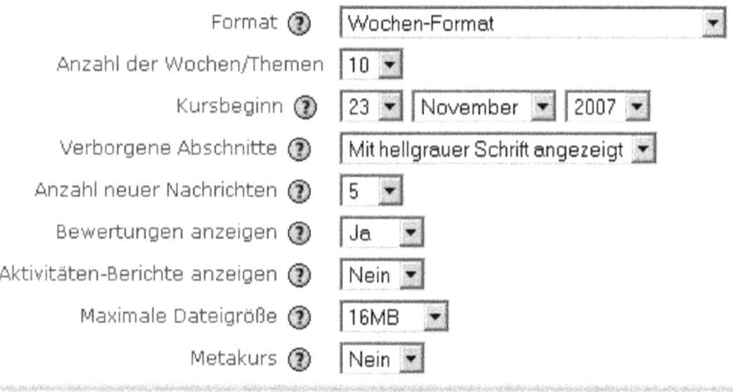

Abb.5.2.1.4 Screenshot „Kurseinstellungen – weitere Einstellungen“

- Hier können Angaben zur Einschreibungsmöglichkeit in den Kurs gemacht werden, das heißt z. B. welches Anmelde-Verfahren genutzt werden soll oder ob eine Einschreibung nur innerhalb eines bestimmten Zeitraumes möglich sein soll, etc.

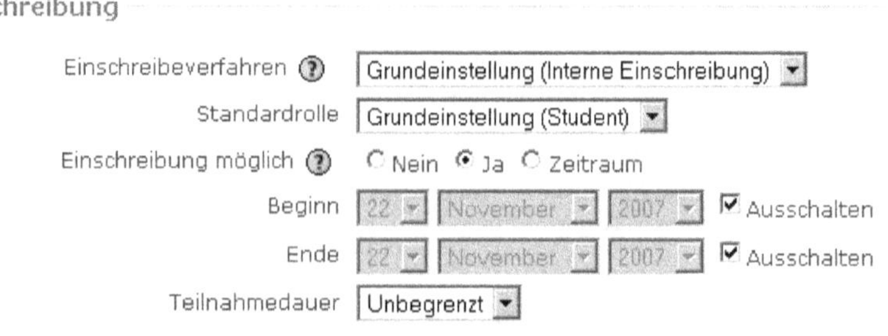

Abb.5.2.1.5 Screenshot „Kurseinstellungen – zur Einschreibung“

- Mit dem nächsten Einstellungsblock kann festgelegt werden, ob Teilnehmende über das Teilnahmeende informiert werden sollen.

Abb.5.2.1.6 Screenshot „Kurseinstellungen – Nachricht zum Teilnahmeende"

- Im Bereich Gruppen sind laut [Moodle 2007] folgende Einstellungen möglich:

  - **Keine Gruppen:** es gibt keine Gruppen im Kurs.
  - **Getrennte Gruppen:** es gibt getrennte Gruppen im Kurs, d.h. ein Gruppenmitglied kann nur die Mitglieder der eigenen Gruppe sehen, andere Kursteilnehmer/innen sind unsichtbar.
  - **Sichtbare Gruppen:** es gibt sichtbare Gruppen im Kurs, d.h. jede Gruppe arbeitet in der eigenen Gruppe, kann aber die anderen Gruppen sehen.
  - Bei Übergreifend auf „Ja" zu stellen macht nur dann Sinn, wenn man z. B. möchte, dass ein Kurs angelegt wird, an dem völlig getrennte Gruppen teilnehmen.

Abb.5.2.1.7 Screenshot „Kurseinstellungen – Gruppen"

- Mit Hilfe der Verfügbarkeit kann ein Kurs vor Teilnehmer/innen versteckt werden, das heißt, dass der Kurs dann nur für Trainer/innen und die Administration sichtbar ist.

Verfügbarkeit

Verfügbarkeit: Für Teilnehmer/innen verfügbar

Zugangsschlüssel: Klartext

Gastzugang: Für Gäste nicht erlaubt

Abb.5.2.1.8 Screenshot „Kurseinstellungen – Verfügbarkeit"

- Hier wird festgelegt, in welcher Sprache der Kurs sein soll.

Abb.5.2.1.9 Screenshot „Kurseinstellungen – Sprache"

5.2.2 Der Block Administration

Der Block Administration steht sowohl Kursersteller/innen als auch Trainer/innen zur Verfügung, um Kurse zu verwalten.

Abb.5.2.2.1 Screenshot „Block Administration"

In den folgenden Kapiteln werden die Unterpunkte dieses Blocks genauer beschrieben.

5.2.3 Bearbeiten einschalten

- Bearbeiten einschalten entspricht der Schaltfläche mit dem gleichen Namen im rechten, oberen Bereich von Moodle und schaltet die Blockbearbeitung ein.

Abb.5.2.3.1 Screenshot „Schaltfläche Bearbeiten einschalten und Unterpunkt im Block Administration"

5.2.4 Einstellungen

- Hier können die Kurseinstellungen, die beim Anlegen des Kurses durchgeführt wurden, verändert werden.

5.2.5 Rollen zuweisen

- Hier können Kursersteller/innen und Trainer/innen Rollen anderen Nutzer/innen zuweisen, die hierarchisch unterhalb ihrer Rolle liegen, das heißt,
  - Kursersteller/innen können Rollen Trainer/innen mit und ohne Autorenrecht, Teilnehmer/innen und Gästen zuweisen,
  - Trainer/innen können Rollen Trainer/innen ohne Autorenrecht, Teilnehmer/innen und Gästen zuweisen.

5.2.6 Bewertungen

- Man kann sich Bewerterübersichten anzeigen lassen und Voreinstellungen bearbeiten.
- Ebenso können Teilnehmerübersichten, allgemeine Übersichten und Übersichten über erreichte Lernziele angezeigt werden.
- Es können Bewertungen in unterschiedlichen Formaten importiert und exportiert werden.
- Bewertungsaspekte können hinzugefügt und angezeigt werden.
- Bewertungsskalen können angezeigt und neue Skalen angelegt werden.
- Es kann eingestellt werden wie Bewertungen angezeigt werden sollen, z. B. mit einem Buchstaben oder einer Zahl und
- es können Einstellungen gemacht werden wie Bewertungen in Kursen angezeigt werden sollen.

5.2.7 Gruppen

- Hiermit können innerhalb eines Kurses verschiedene Gruppen angelegt und diesen dann Trainer/innen und Teilnehmer/innen zugewiesen werden.
  - Dafür kann man entweder die Schaltfläche „Automatisch erstellte Gruppen" nutzen und sich Gruppen automatisch mit zufällig oder alphabetisch nach Vor- oder Nachnamen ausgewählten Teilnehmer/innen erzeugen lassen oder

Automatisch erstellte Gruppen

Rolle aus der Nutzer/innen ausgewählt werden sollen* Alle

Gruppen erstellen mit jeweils* Gruppen

Anzahl der Gruppen oder Mitglieder pro Gruppe*

Mitglieder zuordnen* zufällig

Vorschau Übertragen Abbrechen

Abb.5.2.7.1 Screenshot „Automatisch erstellte Gruppen“

- die Schaltfläche „Gruppe anlegen“ verwenden, einen Gruppennamen vergeben und auf die Schaltfläche „Nutzer/innen verwalten“ klicken, um Teilnehmer/innen in die Gruppe aufzunehmen.

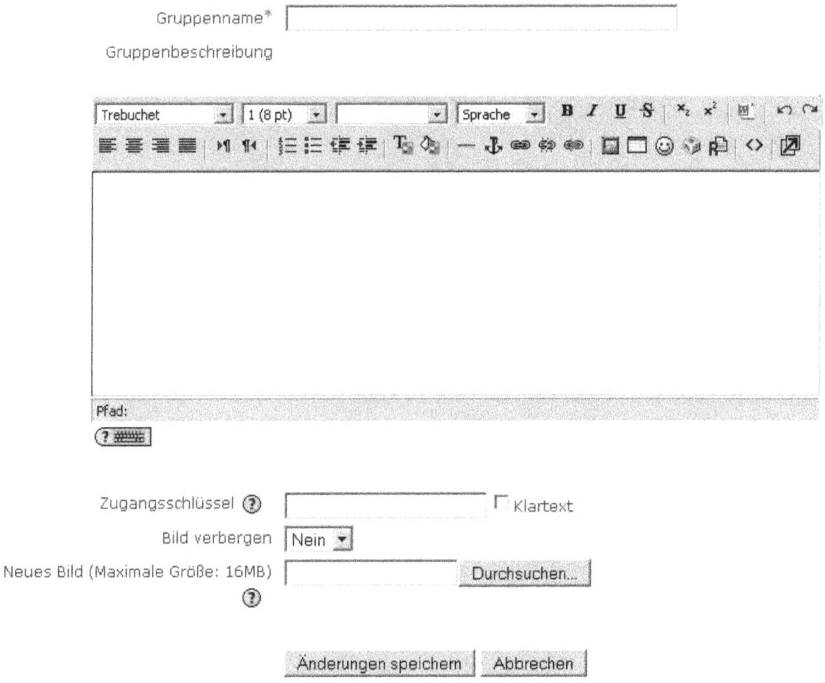

Gruppenname*
Gruppenbeschreibung

Trebuchet | 1 (8 pt) | Sprache

Pfad:

Zugangsschlüssel | Klartext
Bild verbergen | Nein
Neues Bild (Maximale Größe: 16MB) | Durchsuchen...

Änderungen speichern | Abbrechen

Abb.5.2.7.2 Screenshot „Gruppen anlegen"

5.2.8 Sicherung

- Normalerweise muss man sich nicht um die Sicherung kümmern, da dies Aufgabe der Administration ist. Dennoch hätte man hier die Möglichkeit den Kurs in ein ZIP-Archiv zu verpacken, um den Kurs z. B. in ein anderes Moodle-System zu importieren.

5.2.9 Wiederherstellen

- Hier werden die gesicherten Kurse angezeigt und können durch einen Link daneben „Wiederherstellen" wiederhergestellt werden.

- Dabei hat man die Möglichkeit, den Kurs
  - über einen vorhandenen zu kopieren,
  - an einen Kurs anzufügen oder

– einen neuen Kurs als Duplikat anzulegen.

5.2.10 Import

- Hier hat man die Möglichkeit, die Struktur eines anderen Kurses für den eigenen zu übernehmen.

5.2.11 Zurücksetzen

- Mit „Zurücksetzen" können sämtliche Nutzerinformationen, wie z. B. Trainer/innen, Teilnehmer/innen, Logdaten, die verschiedenen Foreninhalte, gelöscht werden, ohne dass die Aktivitäten und Kurseinstellungen verloren gehen.

5.2.12 Berichte

- Hier kann man sich Logdaten, momentane Aktivitäten oder Statistiken anzeigen lassen.

5.2.13 Fragen

- Hier kann man eine kursbezogene bzw. kursbereichsbezogene Fragen-Datenbank anlegen, deren Fragen dann später z. B. für Tests verwendet werden können.

- Dabei können in der Fragen-Datenbank Fragenkategorien angelegt und Fragen exportiert oder importiert werden.

Abb.5.2.13.1 Screenshot „Die verschiedenen Möglichkeiten für Fragen"

5.2.14 Dateien

- Unter der Oberfläche eines jeden Kursraums existiert eine Verzeichnisstruktur, die für die Dateiablage genutzt werden kann.

- In einem neuen Kursraum ist das Verzeichnis leer. Einige Verzeichnisse wie
  - moddata für die Ablage von Anhängen in einem Forum,
  - backupdata für das Ablegen von Sicherungen oder
  - hotpot für Hotpotatoes Tests legt Moodle laut [Moodle 2007] automatisch an.

- Zur besseren Übersicht kann man auch eigene Verzeichnisse anlegen und dorthinein dann HTML-Dateien, PDF-Dateien, Multimedia, Präsentationen, etc. laden.

5.2.15 Abmelden aus Kursname

- Wie der Name schon sagt, kann man sich selbst aus dem Kurs austragen.

5.3 Trainer/innen mit und ohne Autorenrecht, Rechte und Aufgaben

Trainer/innen können, wie schon im Abschnitt 5.2 erwähnt, bestehende und ihnen zugewiesene Kurse um Aktivitäten und Lernmaterialien erweitern, und Studenten benoten.

Trainer/innen ohne Autorenrecht können im Unterschied dazu Studenten benoten und in ihren Kursen unterrichten, aber keine Lernaktivitäten hinzufügen oder bearbeiten.

5.3.1 Trainer/innen mit Autorenrecht

Nach dem Einloggen findet sich ein Überblick über die Kurse, in denen man unterrichtet.

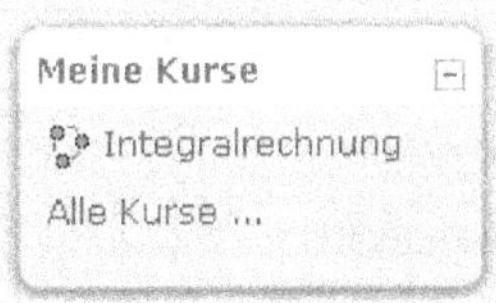

Abb.5.3.1.1 Screenshot „Beispiel für Meine Kurse nach dem Einloggen als Trainer/in mit Autorenrecht"

Durch einen Klick auf den Link „Integralrechnung" gelangt man auf die dazugehörige Kursseite. Im rechten oberen Bereich findet sich die Schaltfläche „Bearbeiten einschalten", die es dem Trainer bzw. der Trainerin ermöglicht, in den Bearbeitenmodus zu wechseln und

- Lernaktivitäten und Lernmaterialien hinzuzufügen,
- bestehende Blöcke zu verschieben oder zu löschen und
- neue Blöcke hinzuzufügen.

Der Administrationsblock steht den Trainer/innen mit allen Punkten zur Verfügung, die auch Kursersteller/innen verwenden können.

Abb.5.3.1.2 Screenshot „Block Administration“

5.3.2 Trainer/innen ohne Autorenrecht

Nach dem Einloggen findet sich auch hier ein Überblick über die Kurse, in denen man unterrichtet.

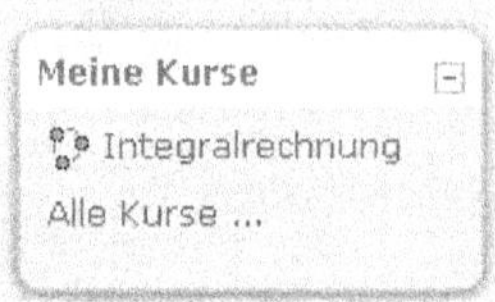

Abb.5.3.2.1 Screenshot „Beispiel für Meine Kurse nach dem Einloggen als Trainer/in ohne Autorenrecht“

Durch einen Klick auf den Link „Integralrechnung“ gelangt man auch hier auf die dazugehörige Kursseite. Im Unterschied zum Trainer bzw. Trainerin mit Autorenrecht fehlt hier die „Bearbeiten einschalten“ Schaltfläche im rechten oberen Bereich, die es ermöglicht, neue Lernmaterialien und Lernaktivitäten hinzuzufügen.

Bearbeiten einschalten

Abb.5.3.2.2 Screenshot „Bearbeiten einschalten Schaltfläche“

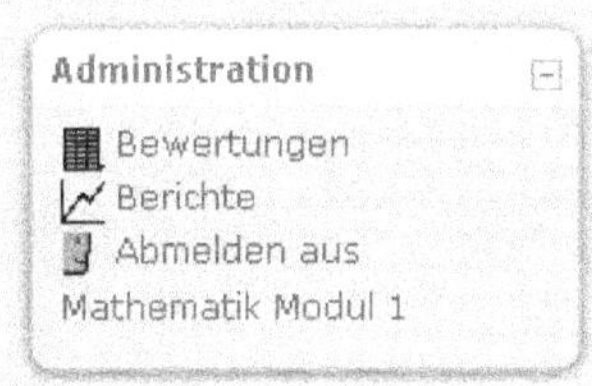

Abb.5.3.2.3 Screenshot „Administration nach dem Einloggen als Trainer/in ohne Autorenrecht"

Auch der Administrationsblock enthält nur die Möglichkeiten für Bewertungen und das Ansehen von Berichten.

5.4 Teilnehmer/in, Rechte und Aufgaben

Die wichtigsten Funktionen der Teilnehmer/innen sind unter anderem

1. Das Einloggen in das System mit dem zugewiesenen Benutzernamen und Passwort,
2. das Einrichten der Seite MyMoodle, wenn dies von der Administration aktiviert wurde,
3. das Verändern des Benutzerprofils,
4. das Einschreiben in einen Kurs bzw. das Austragen aus einem Kurs, sofern erlaubt,
5. das Anzeigen der anderen Teilnehmer/innen und die Kontaktaufnahme mit diesen,
6. das Anzeigen der Bewertungen,
7. das Verwenden der bereitgestellten Aktivitäten.

Die Administration bzw. die Trainer/innen legen fest,

- wie sich die Teilnehmer/innen in einen Kurs einschreiben können,
- was die Teilnehmer/innen sehen können und
- was die Teilnehmer/innen machen dürfen, also welche Rechte sie haben.

5.4.1 Das Einloggen in das System

Das Einloggen erfolgt über die Eingabemaske mit dem zugewiesenen Benutzernamen und Passwort:

Geben Sie Ihren Anmeldenamen und das Kennwort ein
(Cookies müssen in Ihrem Browser aktiviert sein!)

Anmeldename angeli
Kennwort Login

Abb.5.4.1.1 Screenshot „Eingabemaske für das Login"

5.4.2 Das Einrichten der Seite MyMoodle

Hat der Administrator die automatische Weiterleitung zu „MyMoodle" aktiviert, gelangen die Teilnehmer/innen zur Seite „Übersicht über meine Kurse", die sie sich selbst anpassen können, in dem sie auf die Schaltfläche „Diese Seite bearbeiten" klicken und Blöcke hinzufügen.

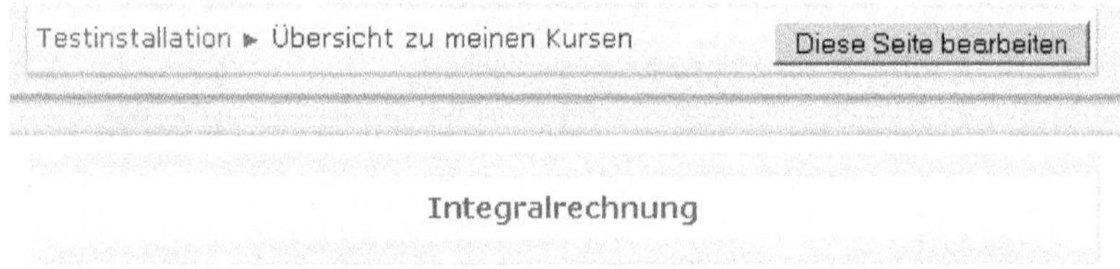

Abb.5.4.2.1 Screenshot „Weiterleitung nach dem Login auf die MyMoodle-Seite"

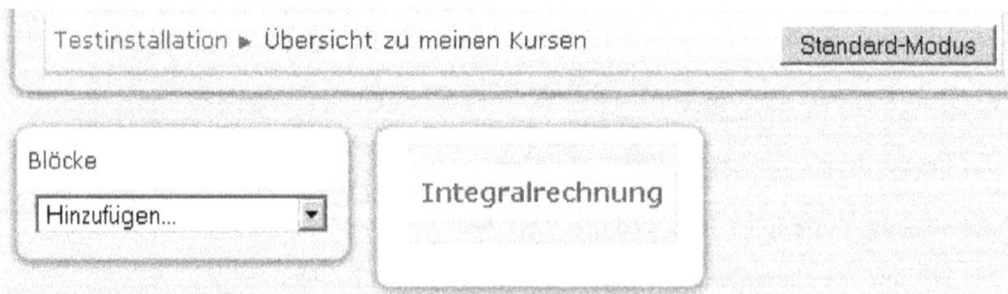

Abb.5.4.2.2 Screenshot „MyMoodle-Seite nach dem Klick auf die Schaltfläche Diese Seite bearbeiten"

5.4.3 Das Verändern des Benutzerprofils

Nach dem Klick auf den Kurslink gelangt man zum eigentlichen Kursraum. Durch Klick auf den eigenen Namen gelangen die Teilnehmer/innen zur Profilseite.

Sie sind angemeldet als Max Mustermann (Logout)

Abb.5.4.3.1 Screenshot „Link zur Profilseite über den Namen bei ‚Sie sind angemeldet als'"

Auf der Profilseite können die Teilnehmer/innen ihr Kennwort durch Klick auf die Schaltfläche „Kennwort ändern" umändern.

Durch Klick auf den Reiter „Profil bearbeiten" gelangen sie zu einer Seite, auf der sie unter anderem ihren Namen, ihre E-Mailadresse, ihren Wohnort verändern oder ein Foto von ihnen hoch laden können.

Die weiteren Reiter „Forumsbeiträge" und „Blog" ermöglichen, wie der jeweilige Name bereits ausdrückt, das Erstellen von Forumsbeiträgen bzw. Blogs.

Abb.5.4.3.2 Screenshot „Profilstartseite mit den verschiedenen Reitern zum Verändern des Profils"

5.4.4 Das Einschreiben in einen Kurs bzw. das Austragen aus einem Kurs

Wollen sich die Teilnehmer/innen in weiteren Kursen einschreiben und ist ihnen dies auch erlaubt, müssen sie

- im Block „Meine Kurse" auf „Alle Kurse ..." klicken,
- in der Übersicht einen Kurs auswählen, in den sie sich eintragen wollen und diesen anklicken,
- dann im Administrationsblock auf den Link „Mich in diesem Kurs einschreiben" klicken und die Frage mit „Ja" bestätigen.

Abb.5.4.4.1 Screenshot „Block Meine Kurse und Block Administration"

Wollen sich die Teilnehmer/innen dagegen aus einem Kurs austragen, müssen sie im Administrationsblock auf „Abmelden aus Kursname" klicken und die Frage wieder mit „Ja" bestätigen.

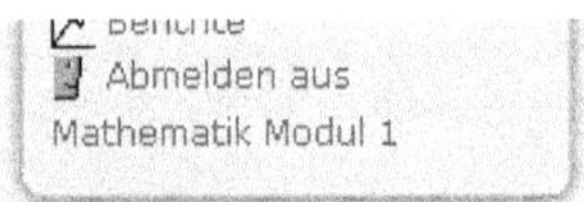

Abb.5.4.4.2 Screenshot „Abmelden aus Mathematik Modul 1“

5.4.5 Das Anzeigen der anderen Teilnehmer und die Kontaktaufnahme mit diesen

Über den Block „Personen“ sehen die Teilnehmer/innen wer noch im selben Kurs eingeschrieben ist. Durch Anklicken des Namens kommen sie auf die Profilseite der anderen Teilnehmer/innen und können über die E-Mailadresse Kontakt mit diesen aufnehmen.

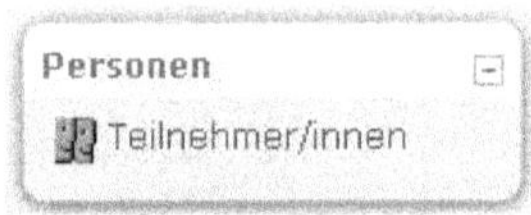

Abb.5.4.5.1 Screenshot „Block Personen“

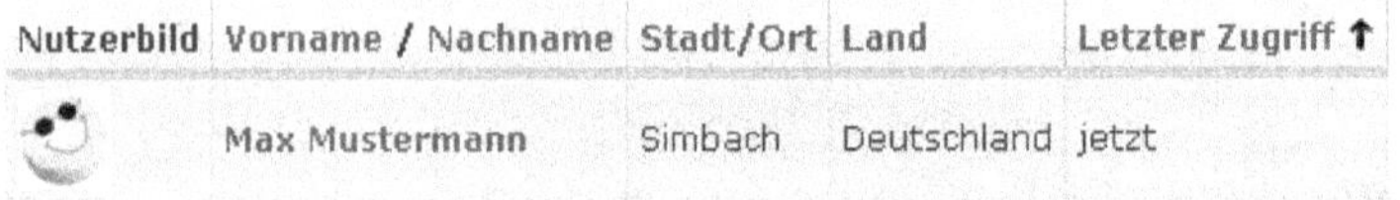

Nutzerbild	Vorname / Nachname	Stadt/Ort	Land	Letzter Zugriff ↑
	Max Mustermann	Simbach	Deutschland	jetzt

Abb. 5.4.5.2 Screenshot „Beispiel für einen Benutzer, den man nach Klick auf Teilnehmer/innen sieht“

5.4.6 Das Anzeigen der Bewertungen

Über den Block „Bewertungen“ gelangen die Teilnehmer/innen zu ihren Kursbewertungen. Dort können sie sich z. B. die Bewertungen für einen Test ansehen.

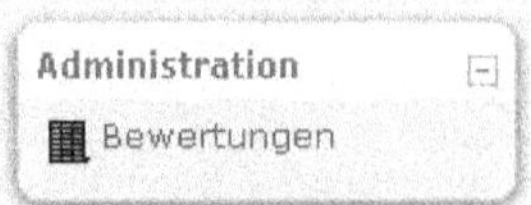

Abb.5.4.6.1 Screenshot „Block Bewertungen“

5.4.7 Das Verwenden der bereitgestellten Aktivitäten

In diesem Abschnitt werden ausgewählte Aktivitäten, die

- für eine Verbesserung des Lernfortschrittes,
- zur Auflockerung des Kursablaufes und
- zur Verbesserung der Kommunikation zwischen Teilnehmer/innen untereinander und
- zwischen Trainer/innen und Teilnehmer/innen kurz vorgestellt.

Abb.5.4.7.1 Screenshot „ausgewählte Aktivitäten für eine Verbesserung des Lernprozesses "

1. Abstimmung

Bei Abstimmungen müssen die Teilnehmer/innen Stellung beziehen und ihre Meinung zu einem bestimmten Thema Preis geben. Dazu könne sie einfach über verschiedene Auswahlmöglichkeiten auf von den Trainer/innen gestellte Fragen abstimmen.

- Abstimmungen könnten sinnvoll am Beginn einer Diskussion eingesetzt werden, um einen guten Einstieg in ein Unterrichtsthema zu schaffen,
- um eine Evaluierung eines Kurses durchzuführen, oder
- für einfaches Feedback zum eigenen Unterricht.

Wie gefällt Ihnen der Kurs?

sehr gut | gut | weniger gut | schlecht

Meine Abstimmung speichern

Abb.5.4.7.2 Screenshot „Beispiel für eine Abstimmung"

2. Foren

Foren sind gegliedert in Themen und Beiträge (sind Antworten auf die Themen). Sie bieten den Kursteilnehmer/innen die Möglichkeit, mit anderen Teilnehmer/innen, den Trainer/innen und eventuellen Gästen über kursrelevante oder allgemeine Themen zu diskutieren oder Fragen zu stellen.

3. Aufgaben

Eine Aufgabe besteht aus einer Aufgabenstellung, einer Beschreibung und einem Abgabedatum.

Sie dienen meist zur Vertiefung eines Themengebietes und werden nach Ablauf des Abgabedatums von den Trainer/innen bewertet.

Dabei gibt es verschiedene Möglichkeiten wie die Teilnehmer/innen die Aufgaben abgeben müssen:

- In Form von einer oder mehreren Dateien, die sie hoch laden müssen,
- oder sie müssen die Aufgabe in einem Texteditor online bearbeiten und abschicken,
- oder sie können die Aufgabe offline bearbeiten und dann zu einem vereinbarten Termin mit den Trainer/innen besprechen.

Schreiben Sie alle Integrationsmethoden auf und erklären Sie diese!

Verfügbar ab: Samstag, 24. November 2007, 17:30

Abgabetermin: Samstag, 1. Dezember 2007, 17:30

Abb.5.4.7.3 Screenshot „Übersicht über eine Aufgabenstellung mit Abgabetermin“

4. Glossar

Ein Glossar ist gut geeignet Fachvokabular von den Teilnehmer/innen „sammeln“ zu lassen, z. B. kann das Glossar als Wörterbuch im Fremdsprachenunterricht verwendet, oder mathematische Begriffe oder Formeln erklärt werden.

Die Benutzung ist einfach:

- Auf die Schaltfläche „Neuen Eintrag anlegen“ klicken,
- auf der darauf folgenden Seite einen Begriff und eine Definition angeben und
- auf die Schaltfläche „Änderungen speichern“ klicken.

Suchen ☑ Volltext-Suche

Neuen Eintrag anlegen

Anzeige nach Alphabet | Anzeige nach Kategorie | Anzeige nach Datum | Anzeige nach Autor/in

Du kannst das Glossar unter Verwendung des Index durchsuchen.

Sonderzeichen | A | Ä | B | C | D | E | F | G | H | I | J | K | L | M | N
O | Ö | P | Q | R | S | T | U | Ü | V | W | X | Y | Z
Alle

Abb.5.4.7.4 Screenshot „Glossar Übersicht"

5. Chat

Der Chat bietet den Teilnehmer/innen die Möglichkeit, sich mit anderen eingeloggten Teilnehmer/innen zu unterhalten. Durch Klicken auf den Link „Klicke hier, um den Chat zu betreten" öffnet sich ein neues Chat-Fenster.

Chat

Klicke hier, um den Chat zu betreten

(Version ohne Frames und ohne JavaScript)

Abb.5.4.7.5 Screenshot „Beispiel für einen Chat"

6. Test

Mit einem Test kann der Lernerfolg zu verschiedenen Themengebieten überprüft werden.

Dabei gibt es verschiedene Fragetypen, z. B.:

- Multiple-Choice,
- Lückentext,
- Berechnung,
- Kurzantwort,
- Wahr/Falsch, etc.

7. Wiki

Mit Wikis können mehrere Teilnehmer/innen einen Text „gemeinsam“ schreiben, z. B., wenn sie gemeinsam eine Hausarbeit, eine Dokumentation oder ein Referat erstellen sollen. Gemeinsam meint in diesem Sinn hintereinander bearbeiten. Zu einem Zeitpunkt kann nur ein Benutzer den Text bearbeiten.

Zum Bearbeiten des Textes steht ein HTML-Editor zur Verfügung. Durch einen Klick auf den Reiter „Bearbeiten“ gelangen die Teilnehmer/innen zu diesem HTML-Editor, wo sie den Text eintippen, erweitern oder umändern können.

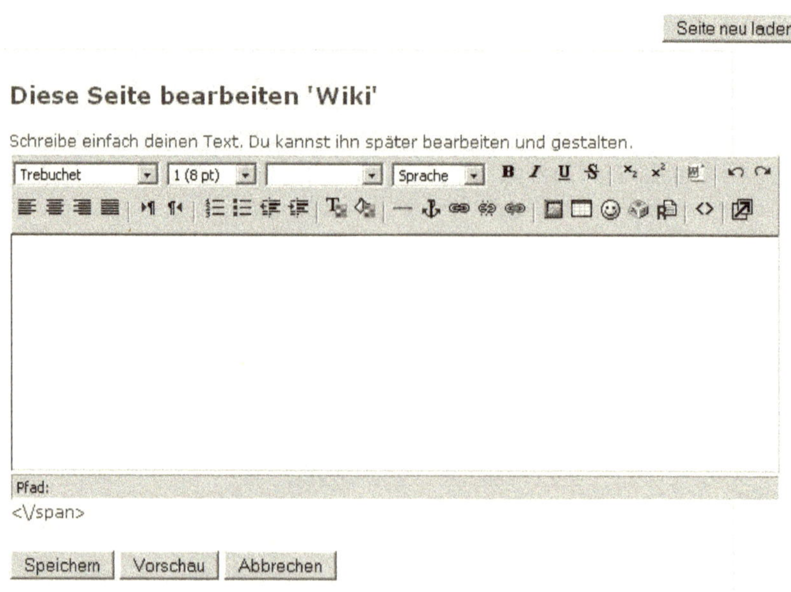

Abb.5.4.7.6 Screenshot „Wiki mit dem HTML-Editor bearbeiten“

8. Journal

Das Journal sollte begleitend für den gesamten Kurs genutzt werden, um den Lernprozess zu verbessern. Die Trainer/innen stellen den Teilnehmer/innen Fragen oder bitten sie, sich mit einem kursrelevanten Thema genauer auseinander zu setzen. Solange das Journal geöffnet ist, können die Teilnehmer/innen ihre Antworten bearbeiten, welche nur vom Trainer bzw. der Trainerin und dem Teilnehmenden, der den Eintrag verfasst hat, gelesen werden können. Nach dem Schließen des Journals bewerten die Trainer/innen die Einträge und schicken diese an die Teilnehmenden.

9. Umfrage

Bei einer Umfrage müssen die Teilnehmer/innen entweder

- bei gegebenen Fragen eine kurze Antwort schreiben oder
- bei gegebenen Antworten entscheiden, welche Antwort am besten auf sie zutrifft.

6 Literaturverzeichnis

[Docs.Moodle 2007] Docs.Moodle.org. *„Dokumentationsseiten des Elearningsystems"* WWW-Präsentation, 2007. http://docs.moodle.org/en/Main_Page

[Download.Moodle 2007] Download.Moodle.org. *„Downloadseite des Elearningsystems"* WWW-Präsentation, 2007. http://download.moodle.org

[Download.Moodle 2007a] Download.Moodle.org. *„Downloadseite für Moodle Windows Versionen, die mit XAMPP erzeugt wurden"* WWW-Präsentation, 2007. http://download.moodle.org/windows/

[edumoodle 2007] edumoodle. *„Projekt des österreichischen Bildungsministeriums"* WWW-Präsentation, 2007. http://www.edumoodle.at/moodle/

[GNU 2007] General Public License. *„GNU General Public License. Version 3, 29.Juni 2007"* WWW-Präsentation, Juni 2007, http://www.gnu.org/licenses/gpl.html

[Moodle 2005] Moodle Testbericht. *„Moodle 1.5.3 Testbericht"* WWW-Präsentation, 2005. http://www.lmsnews.com/modules/content/index.php?id=25

[Moodle 2007] Moodle.org. *„Projekthomepage des Elearningsystems"* WWW-Präsentation, 2007. http://www.moodle.org

[Moodle 2007a] Moodle. *„DIALOGE präsentiert: moodle in Deutschland"* WWW-Präsentation, 2007. http://www.moodle.de

[Moodle 2007b] Moodle. *„Software Moodle auf CampusSource"* WWW-Präsentation, 2007. http://www.campussource.de/software/moodle/

[Moodle 2007c] Moodle. *„Moodle Service Network"* WWW-Präsentation, 2007. http://moodle.com/

7 Abbildungsverzeichnis

MD H
MEDIADESIGN HOCHSCHULE FÜR DESIGN UND INFORMATIK
UNIVERSITY OF APPLIED SCIENCES

MD H
MEDIADESIGN HOCHSCHULE FÜR DESIGN UND INFORMATIK
UNIVERSITY OF APPLIED SCIENCES

MD H
MEDIADESIGN HOCHSCHULE FÜR DESIGN UND INFORMATIK
UNIVERSITY OF APPLIED SCIENCES

MD.H
MEDIADESIGN HOCHSCHULE
FÜR
DESIGN
UND
INFORMATIK
UNIVERSITY OF
APPLIED
SCIENCES

8 Tabellenverzeichnis

Dokumentation des Webkonferenzsystems Spreed

Teil des Projektberichtes für das Modul „12.1 Praxisprojekt"

Tamara Rachbauer, MI 100501

Letzte Änderung: Freitag, 4. Jänner 2008

Inhaltsverzeichnis

MD H
MEDIADESIGN HOCHSCHULE FÜR DESIGN UND INFORMATIK
UNIVERSITY OF APPLIED SCIENCES

1 Zusammenfassung

Diese Dokumentation über das Webkonferenzsystem „Spreed“ dient als Handbuch für die Lehrkräfte des Nachhilfeinstituts „Gute Noten Werkstatt“.

Während der Abschnitt 2 einen Systemüberblick gibt, folgt im Abschnitt 3 eine genaue Beschreibung der Vorgehensweise, um eine Webkonferenz mit spreed free durchführen zu können, den Anforderungen an die Clients sowie ein Überblick über die verschiedenen Konferenztypen.

Der 4. Abschnitt beschäftigt sich mit allem was zur Durchführung einer Webkonferenz gehört, wie dem Anlegen einer Konferenz, dem Hinzufügen und Einladen von Teilnehmern/innen, dem Einrichten von Diensten und dem Starten und Beenden einer Konferenz.

Abschließend werden im Abschnitt 5 die Möglichkeiten aufgezählt, als Teilnehmer/in, einer Konferenz beizutreten. Außerdem wird auf einige Besonderheiten eingegangen wie z. B. das Hereinholen von in der Lobby wartenden Teilnehmenden, oder das Verändern des Online-Status eines Teilnehmenden.

2 Systemüberblick

Spreed, ein Online-Konferenzsystem, ermöglicht es, webbasiert und plattformunabhängig Schulungen abzuhalten. Es bietet unter anderem Funktionen für Web-Meetings, Präsentationen und zum Austausch von Dokumenten. Die Teilnehmer/innen benötigen dafür keine spezielle Software, nur ein Browser mit Flash-Plugin und ein Internetzugang sind vonnöten. Für das gemeinsame Sharing von Bildschirminhalten und Anwendungen, z. B. damit ein Teilnehmer ein problematisches Beispiel vorzeigen kann, muss eine zusätzliche Software, das spreed Live-Sharing, herunter geladen und gestartet werden, das zur Zeit nur unter Windows und Linux lauffähig ist. Das spreed Live-Sharing für Mac OS X ist laut [spreed 2007] in Vorbereitung.

Der Hersteller Struktur AG bietet spreed-Konferenzplattformen in Europa, den USA, Japan und in Australien an, die in Form von verschiedenen Paketen gemietet werden können. Eine Installation der Software auf einem eigenen Webserver ist damit nicht mehr nötig.

Mit dem Service „spreed free“ können kostenlose Webkonferenzen mit bis zu drei Teilnehmern/innen durchgeführt werden.

3 Voraussetzungen für eine Webkonferenz mit „spreed free“

Um den Service „spreed free“ verwenden zu können, ist laut [spreed 2007a] nur ein spreed-Zugang nötig, den man auf der Webseite www.spreed.com kostenlos mittels Registrierung anlegen kann.

3.1 Vorgehensweise zur Registrierung

Im Folgenden eine Schritt-für-Schritt Anleitung zum Anlegen eines spreed-Zugangs

1. Auf der Webseite www.spreed.com auf den Button im rechten Fensterbereich „Jetzt anmelden“ klicken.

Abb.3.1.1 Screenshot: „Teilausschnitt spreed Zugang anmelden", http://spreed.com/

2. Nach dem Anklicken erscheint das Anmeldeformular „spreed Anmeldung", wobei die mit dem grünen Punkt markierten Felder Pflichtfelder sind und ausgefüllt werden müssen.

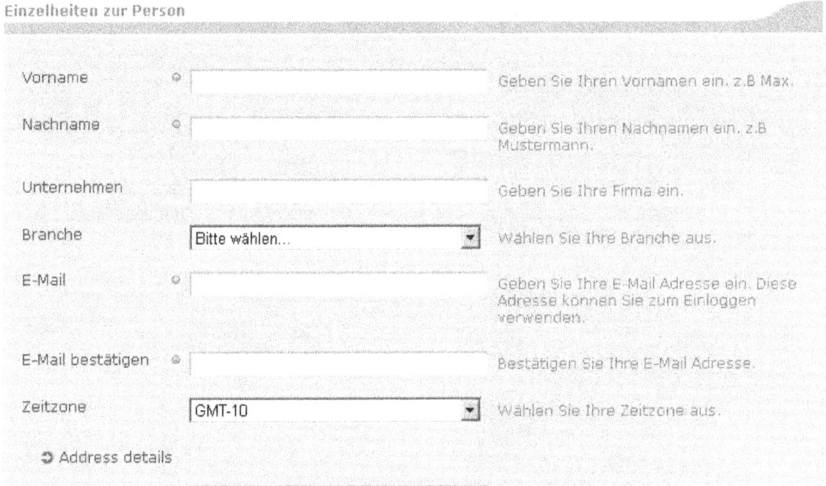

Abb.3.1.2 Screenshot: „Teilausschnitt spreed Anmeldungsformular", http://spreed.com/

3. Nach dem Ausfüllen auf den Button „Jetzt anmelden" klicken. Es erscheint folgender Text:

Konferenz betreten | Verbindungstest | Login | Jetzt anmelden

Willkommen zu spreed.com!

In Kürze erhalten Sie eine E-Mail, mit der Sie Ihren persönlichen spreed Zugang bestätigen können.

Wenn es sich bei der spreed Anmeldung um einen Irrtum handelt, brauchen Sie nichts weiter zu tun. Es wurden keine Daten gespeichert. Für den Fall, dass Sie die Anmeldung nicht innerhalb von 24 Stunden bestätigen konnten, melden Sie sich einfach erneut bei spreed an.

Happy spreeding!
Beste Grüße vom spreed Team.

Abb.3.1.3 Screenshot: „Teilausschnitt spreed Anmeldungsvorgang“, http://spreed.com/

4. Man erhält eine Email mit folgendem Text:

   Bestätigung der spreed Anmeldung.

   Sie können nun Ihren persönlichen spreed Zugang einrichten.

   Um Ihr Passwort zu setzen, öffnen Sie bitte für die Bestätigung der Anmeldung den folgenden Link in einem Browser:

   https://checkin.spreed.com/fr?r=h7P_AqdKlv4d9rBVVyWbYQ

   Falls sich die Seite beim Anklicken des Links nicht öffnet, können Sie diese URL auch in das Adressfeld des Browsers kopieren.

   Ihren spreed Account können Sie jederzeit löschen. Melden Sie sich dazu bei spreed an und gehen Sie auf „Einstellungen“ → „Account löschen“.

   Wenn es sich bei der spreed Anmeldung um einen Irrtum handelt, brauchen Sie nichts weiter zu tun. Es wurden keine Daten gespeichert. Der Gültigkeit der Anmeldebestätigung erlischt automatisch nach 24 Stunden.

   Für den Fall, dass Sie die Anmeldung nicht innerhalb von 24 Stunden bestätigen konnten, melden Sie sich einfach erneut bei spreed an.

   Happy spreeding!

   Beste Grüße vom spreed Team.

5. Nach Klicken auf den Link, öffnet sich der Browser, und man erhält folgenden Bildschirm

Registrierung abschließen

Hier müssen Sie Ihr initiales Passwort setzen um die Registrierung abzuschließen.

Persönliche Daten

Vorname	Tamara
Nachname	Rachbauer
Zeitzone	GMT-10
E-Mail	tamara@pendular.net
Passwort	Geben Sie hier Ihr Passwort ein. Mindestens 5 Zeichen werden benötigt.
Passwort bestätigen	Geben Sie hier Ihr Passwort ein. Wenn Sie Ihr Passwort vergessen haben, nutzen Sie unsere "Passwort vergessen"-Funktion.

Jetzt anmelden

Abb.3.1.4 Screenshot: „Teilausschnitt spreed Anmeldungsvorgang", http://spreed.com/

6. Hier muss man nun ein Passwort setzen, und dann auf den Button „Jetzt anmelden" klicken. Bei Eingabe eines Passwortes wird einem angezeigt, von welcher Sicherheitsqualität dieses ist.

Registrierung abgeschlossen!

Ihr initiales Passwort wurde gesetzt. Sie können sich jetzt bei spreed mit Ihrer E-Mail Adresse und dem Passwort anmelden, das Sie gerade eingegeben haben. Alternativ können Sie auch einfach auf die Schaltfläche unten klicken.

Um ein neues Passwort anzufordern, verwenden Sie bitte den Passwort vergessen? Link auf der rechten Seite.

Abb.3.1.5 Screenshot: „Teilausschnitt spreed Anmeldungsvorgang", http://spreed.com/

7. Die Registrierung ist nun abgeschlossen.

3.2 Technische Anforderungen an die Clients

Die folgenden Anforderungen müssen laut [spreed 2007a] erfüllt sein:

- Die Teilnehmer benötigen einen PC mit einem Windows, Linux oder BSD Betriebssystem oder einen Mac mit OS X Betriebssystem.

- Die Internetbandbreite sollte je nach Konferenztyp und Qualität ab 50-120 kBit/s Up- und Downstream sein

- Ein beliebiger Internetbrowser mit Flash-Plugin ab Version 7.
- Der Browser des Konferenzleiters muss Cookies akzeptieren, um Online-Meetings anlegen zu können.
- Webcam, Mikrophon und Lautsprecher bzw. ein Headset für die Übertragung von Video und Audio.
- Für das Sharing von Bildschirminhalten und Anwendungen eine zusätzliche Software, das so genannte spreed Live-Sharing, das von http://spreed.com/ kostenlos herunter geladen werden kann.

3.3 Konferenztypen

Die Unterschiede zwischen den einzelnen Konferenz-Typen liegen laut [spreed 2007] vor allem in der Art des Zugangs zur Konferenz und in der Übertragung der Audio- und Videodaten der Teilnehmenden.

3.3.1 Konferenz

Eine Konferenz ist ideal für ein Online-Meeting mit einem geschlossenen, überschaubaren Teilnehmerkreis. Die Konferenz ist passwortgeschützt und kann vom Teilnehmenden nur betreten werden, wenn dieser vom Konferenzleiter explizit zur Konferenz eingeladen wurde. In der laufenden Konferenz können sowohl der Konferenzeiter als auch die Teilnehmenden ihre Audio- und Videodaten übertragen.

3.3.2 Schulung

Mit dem Konferenztyp Schulung lassen sich Szenarios ähnlich einer Schulung bzw. eines Seminars abbilden. Zu diesem Zweck ist die Audio- und Video-Übertragung von Seiten der Teilnehmenden eingeschränkt. Alle Schulungs-Teilnehmer/innen (Schüler/innen) können die Video- und Audioübertragung des Konferenzleiters (Seminarleiters) empfangen, während die Audio- und Videodaten der Teilnehmer/innen nur vom Konferenzleiter empfangen werden können.

4 Eine Webkonferenz mit „spreed free" durchführen

4.1 Login auf der Webseite

Auf der Webseite www.spreed.com kann man sich nach erfolgreicher Registrierung jederzeit unter Eingabe des Benutzernamens und des Passwortes in der Eingabemaske am rechten Bildschirmrand anmelden, um eine

- neue Webkonferenz anzulegen und Teilnehmer/innen hinzuzufügen,
- Teilnehmer/innen einzuladen, indem man eine Einladungsmail verschickt oder
- eine Webekonferenz zu starten.

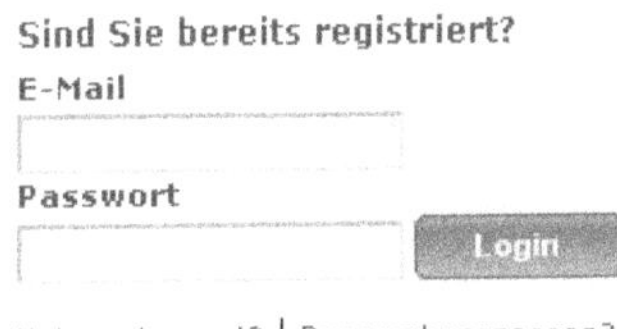

Abb.4.1.1 Screenshot: „Teilausschnitt spreed login", http://spreed.com/

4.2 Anlegen einer Webkonferenz als Konferenzleiter

Mit dem „spreed free"-Paket kann immer nur eine Konferenz mit 2 weiteren Teilnehmenden angelegt werden, wobei die Konferenzdauer auf maximal 1h 30 min beschränkt ist.

Der Dialog zum Anlegen einer Konferenz ist auf mehrere Seiten verteilt. Über die grünen Pfeile im unteren Bereich wird zwischen den Seiten hin- und her navigiert. Alternativ ist durch das Anklicken der Labels zwischen den beiden Pfeilen ein direkter Sprung zu einem Bereich möglich.

Im Folgenden eine Schritt-für-Schritt Anleitung zum Anlegen einer Konferenz:

Nach dem Einloggen erscheint folgender Bildschirm:

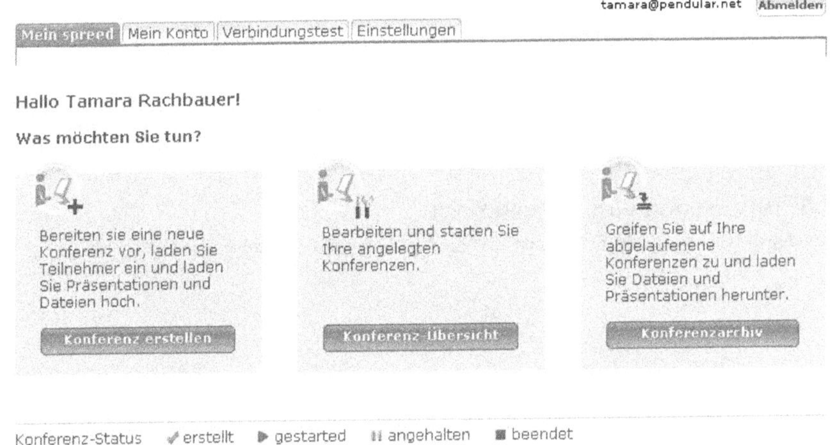

Abb.4.2.1 Screenshot: „Teilausschnitt spreed Zugang", http://spreed.com/

Hier auf den Button „Konferenz erstellen" klicken, um zur Konferenzverwaltung zu gelangen.

Konferenz-Verwaltung

Neue Konferenz 14:31:05

Meeting Typ: Konferenz | Instant Meeting | Broadcast

mit Lobby

als Schulungsraum

Name:

Beschreibung:

Paket: spreed free

Lizenzschlüssel eingeben

Start: 4 Nov 2007 14 : 30 Uhr Zeitzone: GMT +01:00 jetzt starten

Dauer: 01 h 00 min (Max. Dauer: 1 h 30 min)

Zum Speichern der Änderungen klicken Sie bitte auf "Weiter".

Konferenz ▸ Teilnehmer ▸ E-Mail ▸ Uploads ▸ Überblick Weiter

Abb.4.2.2 Screenshot: „Teilausschnitt Konferenzverwaltung – Neue Konferenz", http://spreed.com/

Der richtige Meeting-Typ ist die Konferenz (grün eingerahmt). Hier werden der Name und eine kurze Beschreibung der Konferenz eingegeben. Des Weiteren werden ein Starttermin und eine Dauer (bei spreed free maximal 1h 30m möglich) eingegeben. Dann auf den Button „Weiter" klicken.

4.3 Hinzufügen von Teilnehmern

Nach dem Klicken auf die Schaltfläche „Weiter" gelangt man zum folgenden Bildschirm

Konferenz-Verwaltung

Abb.4.3.1 Screenshot: „Teilausschnitt Konferenzverwaltung – Teilnehmer “, http://spreed.com/

Hier kann man Teilnehmer/innen hinzufügen, entweder „direkt“ oder „aus Adressbuch“.

- Direkt:
  - direkt hinzugefügte Teilnehmende werden nicht im Adressbuch gespeichert.
- Aus dem Adressbuch:
  - Mit dem Adressbuch ist es möglich, Kontakte dauerhaft und Konferenz-übergreifend zu speichern. Häufig benötigte Kontakte können im Adressbuch abgelegt und die Teilnehmer/innen schnell und unkompliziert daraus zu einer Konferenz hinzugefügt werden.
  - Neben dem manuellen Hinzufügen neuer Kontakte zum Adressbuch, können Kontakte in Form von CSV-Dateien importiert werden.
  - Wenn ein Kontakt aus dem Adressbuch als Teilnehmer/in hinzugefügt werden soll, den gewünschten Kontakt auswählen und auf einladen klicken. Die Kontakte sind nun als Teilnehmende zur Konferenz hinzugefügt.

Beim Klicken auf die Schaltfläche „direkt“ erscheint ein Zusatzfenster

Konferenz-Verwaltung

Teilnehmer
Meeting Typ: Konferenz
Meeting ID: 261133243
12:27:22

0 Teilnehmer hinzugefügt
Max. Teilnehmer für diese Konferenz: 2

Name	E-Mail	Sprache	Zeitzone	Passwort	Moderator
Tamara Rachbauer	tamara@pendular.net	deutsch	GMT +01:00		✓

Neuen Teilnehmer direkt (ohne Adressbuch) einfügen
Hinweis: Der neue Teilnehmer wird nicht im Adressbuch gespeichert, er wird lediglich auf die Teilnehmerliste gesetzt.
Name:
E-Mail:
Sprache: deutsch
Zeitzone: GMT +01:00
Abbrechen Speichern

Löschen Alle löschen Teilnehmer einladen: direkt aus Adressbuch

Abb.4.3.2 Screenshot: „Teilausschnitt Konferenzverwaltung – Teilnehmer/in einladen direkt “, http://spreed.com/

Hier müssen ein Name und eine gültige E-Mail-Adresse des gewünschten Teilnehmenden eingetragen werden.

Wichtig ist auf die korrekte Angabe der Zeitzone zu achten. Dadurch wird sichergestellt, dass alle Teilnehmer/innen die Startzeit der Konferenz in ihrer Ortszeit angezeigt bekommen.

Nach dem Klicken auf „Speichern“ erscheint der neue Teilnehmende in der Liste.

Konferenz-Verwaltung

Teilnehmer Meeting Typ: Konferenz Meeting ID: 261133243 12:28:46

1 Teilnehmer hinzugefügt Max. Teilnehmer für diese Konferenz: 2

Name	E-Mail	Sprache	Zeitzone	Passwort	Moderator
Monika Winter	info@verborgene-heima	deutsch	GMT +01:00	PIN345939	☐
Tamara Rachbauer	tamara@pendular.net	deutsch	GMT +01:00		☑

Löschen Alle löschen Teilnehmer einladen: direkt aus Adressbuch

Zurück Konferenz ▸ Teilnehmer ▸ E-Mail ▸ Uploads ▸ Überblick Weiter

Abb.4.3.3 Screenshot: „Teilausschnitt Konferenzverwaltung – Teilnehmer/in einladen direkt “, http://spreed.com/

Beim Klicken auf die Schaltfläche „aus Adressbuch“ erscheint das folgende Fenster:

Konferenz-Verwaltung

Adressbuch

Import Export 0 Einträge 0 ausgewählt Suche:

Name	E-Mail	Sprache	Zeitzone

Neu Löschen Alle auswählen Einladen

Um mehrere Adressen auszuwählen, halten Sie bitte die 'Strg(Ctrl)-Taste' gedrückt und klicken Sie auf die gewünschten Adressen. Um einen Eintrag zu bearbeiten, klicken Sie bitte auf die entsprechende Adresse.

Adressbuch schließen

Zurück Konferenz ▸ Teilnehmer ▸ E-Mail ▸ Uploads ▸ Überblick Weiter

Abb.4.3.4 Screenshot: „Teilausschnitt Konferenzverwaltung – Teilnehmer/in aus Adressbuch “, http://spreed.com/

Hier hat man die Möglichkeit neue Adressen manuell anzulegen, in dem man auf „Neu“ klickt.

Es erscheint ein Zusatzfenster, in dem man den Namen, die E-Mail Adresse und die richtige Zeitzone einstellen muss.

Konferenz-Verwaltung

Adressbuch
Import Export 0 Einträge 0 ausgewählt Suche:
Name E-Mail Sprache Zeitzone
Neuen Adressbucheintrag einfügen
Hinweis: Vergessen Sie nicht, den Teilnehmer nach dem Hinzufügen im Adressbuch einzuladen.
Name:
E-Mail:
Sprache: deutsch
Zeitzone: GMT -10:00
Abbrechen Speichern
Neu Löschen
Um mehrere Adressen auszuwähl klicken Sie auf die gewünschten A bitte auf die entsprechende Adress
lle auswählen Einladen
Adressbuch schließen

Abb.4.3.5 Screenshot: „Teilausschnitt Konferenzverwaltung – Teilnehmer/in aus Adressbuch “, http://spreed.com/

Hat man dies getan, auf Speichern klicken, und der neue Teilnehmende erscheint im Adressbuch. Die so angelegten Kontakte werden dauerhaft im Adressbuch abgelegt und können schnell und unkompliziert daraus zu einer Konferenz hinzugefügt werden.

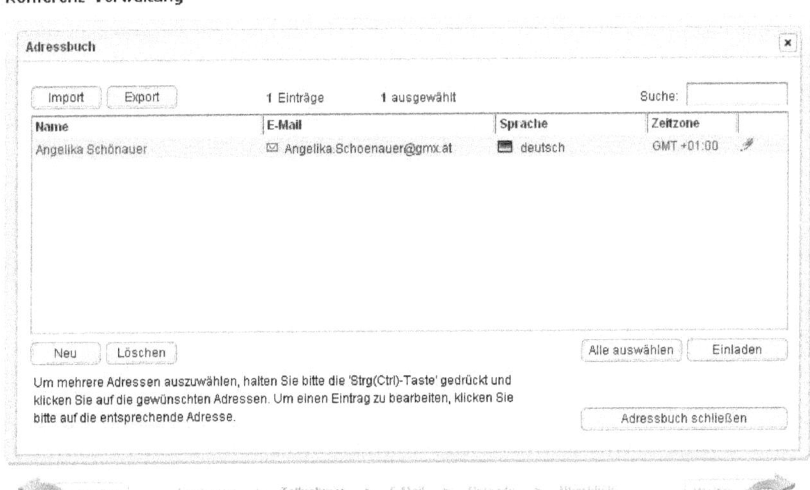

Abb.4.3.6 Screenshot: „Teilausschnitt Konferenzverwaltung – Teilnehmer/in aus Adressbuch ", http://spreed.com/

Eine andere Möglichkeit ist es, die Kontakte in Form von CSV-Dateien zu importieren. CSV-Dateien sind z. B. Kontakte, die aus Outlook Express exportiert wurden. Dazu auf den Button „Import" klicken, das folgende neue Fenster öffnet sich.

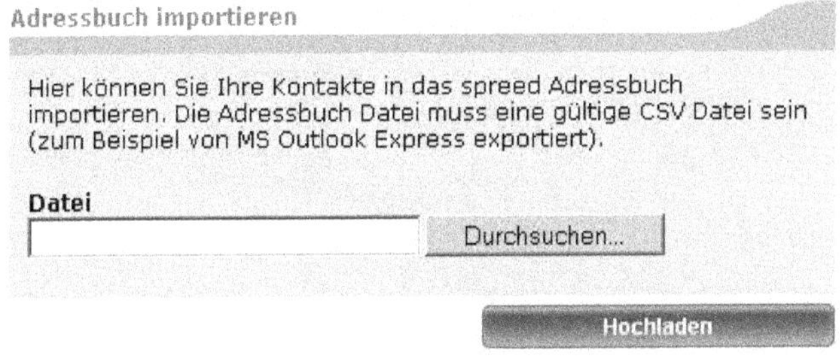

Abb.4.3.7 Screenshot: „Konferenzverwaltung – Kontakte ins Adressbuch importieren", http://spreed.com/

Mittels der Schaltfläche „Durchsuchen" kann man nach einer CSV-Datei suchen und diese mittels „Hochladen" in das Adressbuch hinzufügen. Auch diese Teilnehmenden befinden sich nun in der Liste.

Konferenz-Verwaltung

Adressbuch

Import Export 2 Einträge 1 ausgewählt Suche:

Name	E-Mail	Sprache	Zeitzone
Angelika Schönauer	Angelika.Schoenauer@gmx.at	deutsch	GMT +01:00
Manfred Rachbauer	fredl@pendular.net	deutsch	GMT +01:00

Neu Löschen Alle auswählen Einladen

Um mehrere Adressen auszuwählen, halten Sie bitte die 'Strg(Ctrl)-Taste' gedrückt und klicken Sie auf die gewünschten Adressen. Um einen Eintrag zu bearbeiten, klicken Sie bitte auf die entsprechende Adresse.

Adressbuch schließen

Zurück Konferenz ▸ Teilnehmer ▸ E-Mail ▸ Uploads ▸ Übersicht Weiter

Abb.4.3.8 Screenshot: „Teilausschnitt Konferenzverwaltung – Teilnehmer/in aus Adressbuch “, http://spreed.com/

Im nächsten Schritt müssen die einzuladenden Teilnehmer/innen markiert werden, sie erscheinen dann grün hinterlegt. Dann auf die Schaltfläche „Einladen“ klicken.

Konferenz-Verwaltung

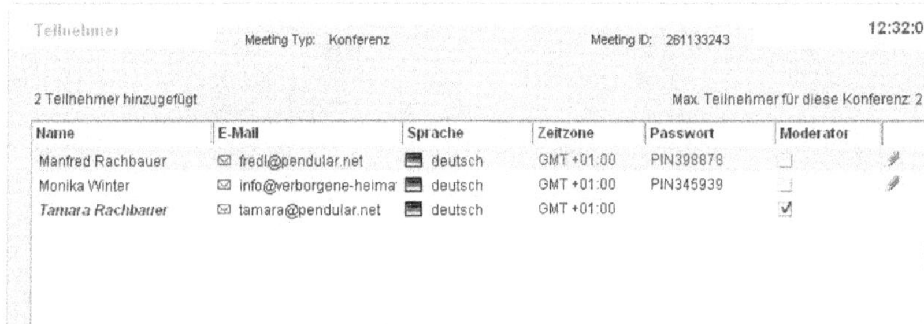

Abb.4.3.9 Screenshot: „Teilausschnitt Konferenzverwaltung – Teilnehmer/in aus Adressbuch “, http://spreed.com/

Man gelangt wieder zum Ausgangsbildschirm. Hier wieder auf die Schaltfläche „Weiter“ klicken.

4.4 Einladungsnachricht bearbeiten

Man gelangt zum nächsten Fenster „E-Mail bearbeiten“. Hier kann der Text für die Einladungsnachricht verändert werden.

Konferenz-Verwaltung

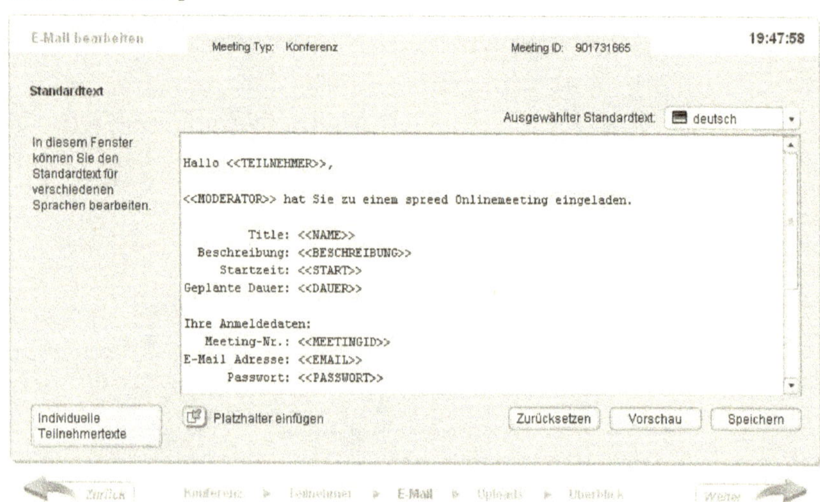

Abb.4.4.1 Screenshot: „Teilausschnitt Konferenzverwaltung – E-Mail bearbeiten ", http://spreed.com/

Entweder man verwendet den vorgegebenen Standardtext, der die wichtigsten Inhalte enthält, oder passt ihn an seine Bedürfnisse an und speichert die Änderungen. Der Standardtext wird für alle Teilnehmenden verwendet.

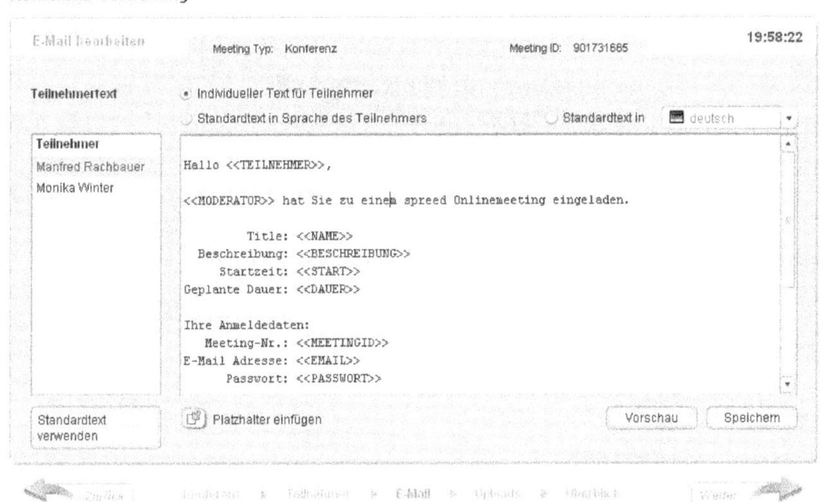

Abb.4.4.2 Screenshot: „Teilausschnitt Konferenzverwaltung – E-Mail bearbeiten “, http://spreed.com/

Eine andere Möglichkeit ist es, für jeden Teilnehmenden eine eigene Nachricht zu erstellen, in dem man auf die Schaltfläche „Individuelle Teilnehmertexte“ klickt, dort den Text anpasst und diesen mittels der Schaltfläche „Speichern“ absichert.

Abb.4.4.3 Screenshot: „Vorschaufenster für den E-Mail-Text – E-Mail bearbeiten “, http://spreed.com/

Mittel der Schaltfläche „Vorschau“ können die Änderungen direkt beobachtet werden. Mit „Vorschaufenster schließen“ gelangt man wieder zum Hauptfenster zurück. Dort wieder auf „Weiter“ klicken.

4.5 Hochladen von Dateien für die Konferenz

Im nächsten Fenster hat man die Möglichkeit, Dateien hoch zu laden, die man für die Konferenz benötigt bzw. den Teilnehmenden zur Verfügung stellen möchte. Dazu auf die Schaltfläche „Hinzufügen“ klicken. Es öffnet sich ein zusätzliches Fenster. Hier auf „Durchsuchen…“ klicken, die gewünschten Dateien von der Festplatte bzw. einem anderen Speichermedium auswählen und hinzufügen durch Klick auf „Hochladen“.

Konferenz-Verwaltung

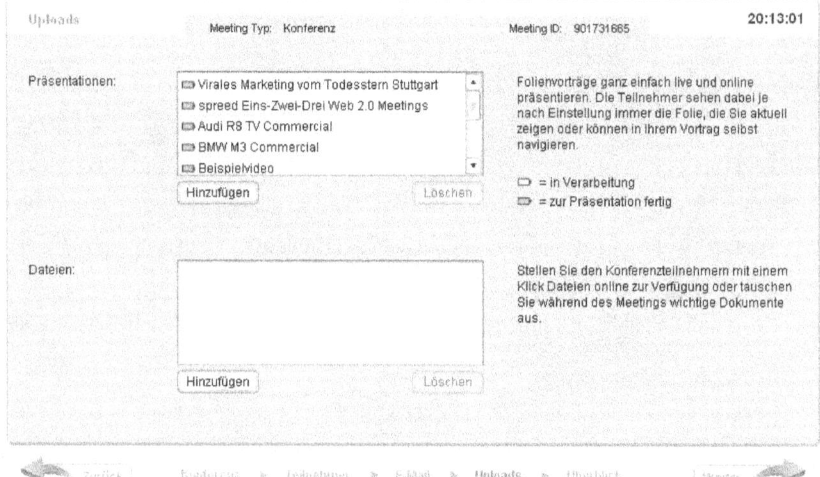

Abb.4.5.1 Screenshot: „Teilausschnitt Konferenzverwaltung – Uploads “, http://spreed.com/

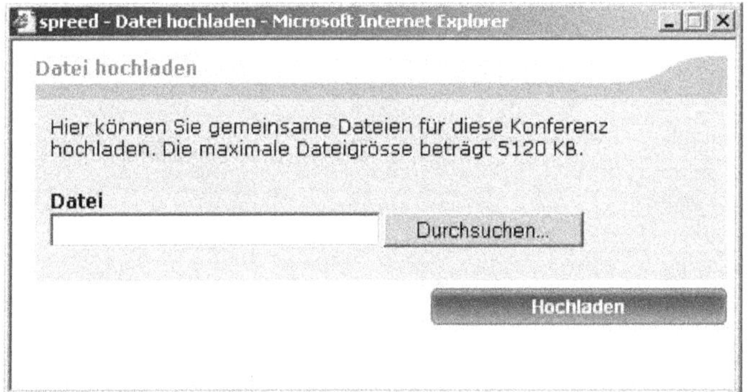

Abb.4.5.2 Screenshot: „Teilausschnitt Konferenzverwaltung – Datei hochladen “, http://spreed.com/

Man bekommt immer eine Bestätigung, ob der Upload erfolgreich war.

Abb.4.5.3 Screenshot: „Teilausschnitt Konferenzverwaltung – Hinweisfenster “, http://spreed.com/

Die hochgeladene Datei befindet sich dann im Übersichtsfenster Konferenzverwaltung – Uploads.

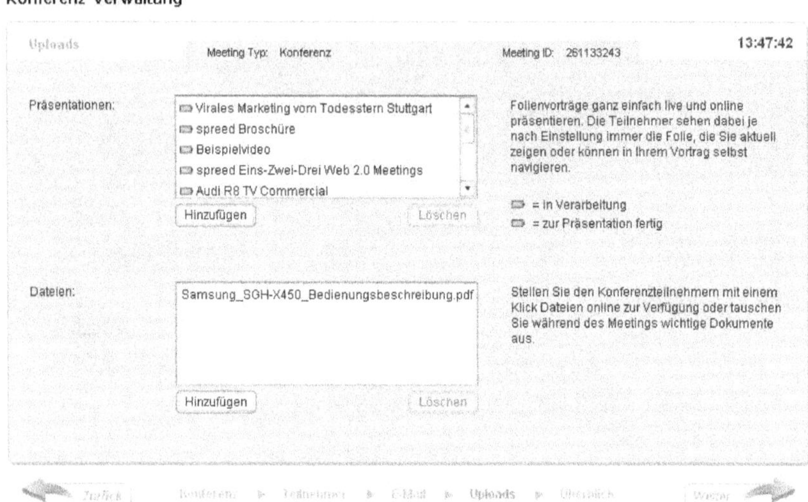

Abb.4.5.4 Screenshot: „Teilausschnitt Konferenzverwaltung – Uploads“, http://spreed.com/

4.6 Einladen der Teilnehmer/innen

Nach dem Klicken auf „Weiter“ gelangt man zum Überblicks-Fenster. Sollte man noch Änderungen durchführen wollen, kann man dies durch Navigieren über die Linkliste oder den „Zurück“-Button jederzeit tun.

Abb.4.6.1 Screenshot: „Linkliste “, http://spreed.com/

Konferenz-Verwaltung

Überblick 12:35:43

Name: Mathematik

Beschreibung: Integralrechnung

Start: 5. November 2007 13:05 Uhr GMT +01:00

Ende: 5. November 2007 14:05 Uhr GMT +01:00

Dauer: 1 h

Konferenz ID: **261133243**

Teilnehmer:

Name	E-Mail	Sprache	Zeitzone	Passwort	Moderator
Manfred Rachbauer	fredl@pendular.net	deutsch	GMT +01:00	PIN398878	
Monika Winter	info@verborgene-heimat.a	deutsch	GMT +01:00	PIN345939	
Tamara Rachbauer	tamara@pendular.net	deutsch	GMT +01:00		✓

Abb.4.6.2 Screenshot: „Teilausschnitt Konferenzverwaltung – Überblick ", http://spreed.com/

Um die Teilnehmenden einzuladen, auf die Schaltfläche „Einladen" klicken. Es öffnet sich noch ein Hinweisfenster, das mit „OK" bestätigt wird.

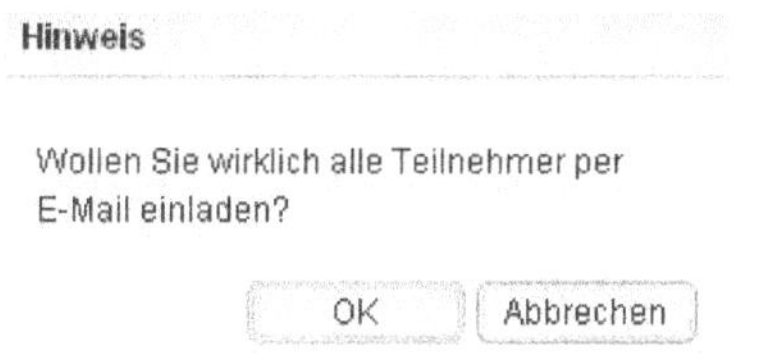

Abb.4.6.3 Screenshot: „Hinweisfenster ", http://spreed.com/

Ein erneutes Hinweisfenster liefert eine Bestätigung, dass an alle Teilnehmenden eine Einladungsmail geschickt wurde. Dieses wird ebenfalls durch Klick auf „OK" bestätigt.

Hinweis

Alle Teilnehmer wurden per E-Mail eingeladen.

OK

Abb.4.6.4 Screenshot: „Hinweisfenster ", http://spreed.com/

Danach gelangt man zu folgendem Fenster

Hallo Tamara Rachbauer!

Ihre nächste Konferenz:

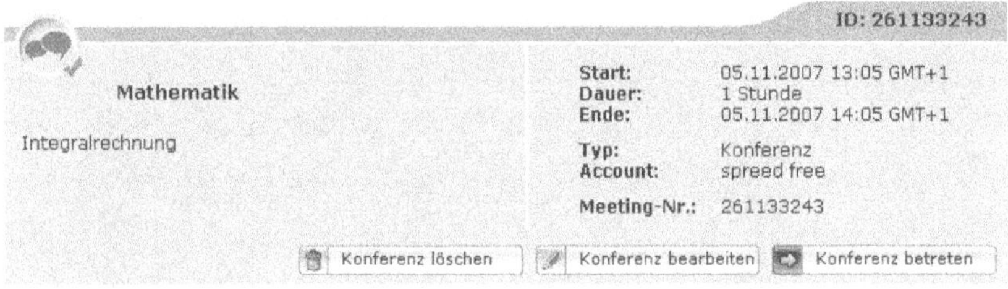

Was möchten Sie tun?

Abb.4.6.5 Screenshot: „Teilausschnitt Übersichtsfenster ", http://spreed.com/

4.7 Starten einer Webkonferenz

4.7.1 Konferenz betreten

Nach dem Klick auf „Konferenz betreten" öffnet sich ein neues Fenster mit einer Abfrage zu Kamera- und Mikrophonzugriff, die mit „Zulassen" bestätigt werden muss.

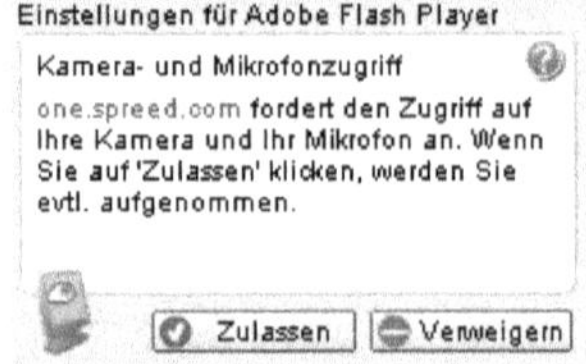

Abb.4.7.1.1 Screenshot: „Abfrage zu Kamera- und Mikrophonzugriff ", http://spreed.com/

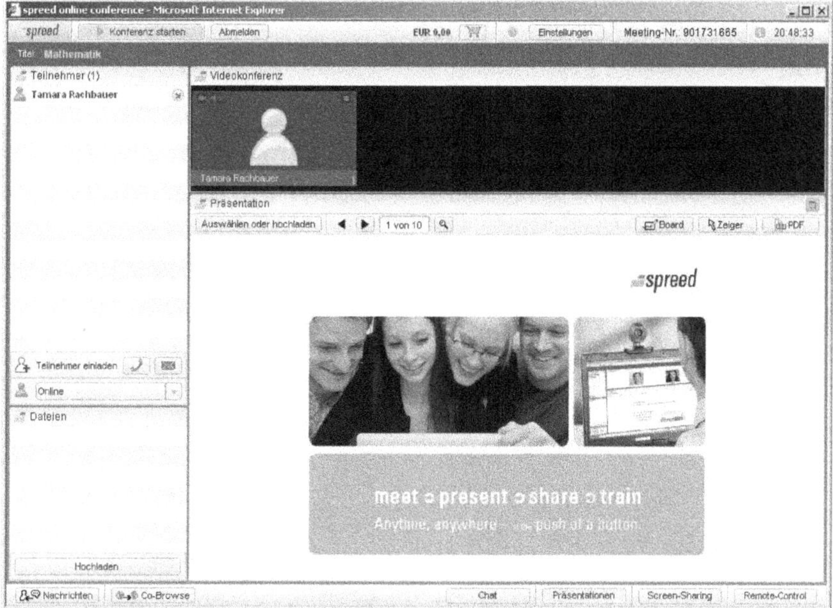

Abb.4.7.1.2 Screenshot: „Teilausschnitt spreed online conference ", http://spreed.com/

Nach der Bestätigung der Sicherheitsabfrage muss man mittels der Schaltfläche „Konferenz starten" die Konferenz starten, wobei auch hier wieder eine Abfrage durchgeführt wird, ob man dies wirklich will. Mit „Ja" bestätigen.

Konferenz starten?

Soll die Konferenz wirklich gestartet werden?

Ja Nein

Abb.4.7.1.3 Screenshot: „Sicherheitsabfrage Konferenz starten? ", http://spreed.com/

4.7.2 Präsentationen durchführen

Durch Klicken auf die Schaltfläche „Auswählen oder Hochladen" und dann auf Hochladen, öffnet sich das Fenster spreed – Präsentation hochladen. Hier können Präsentationen in Form von verschiedenen Dateitypen für die Konferenz hochgeladen werden.

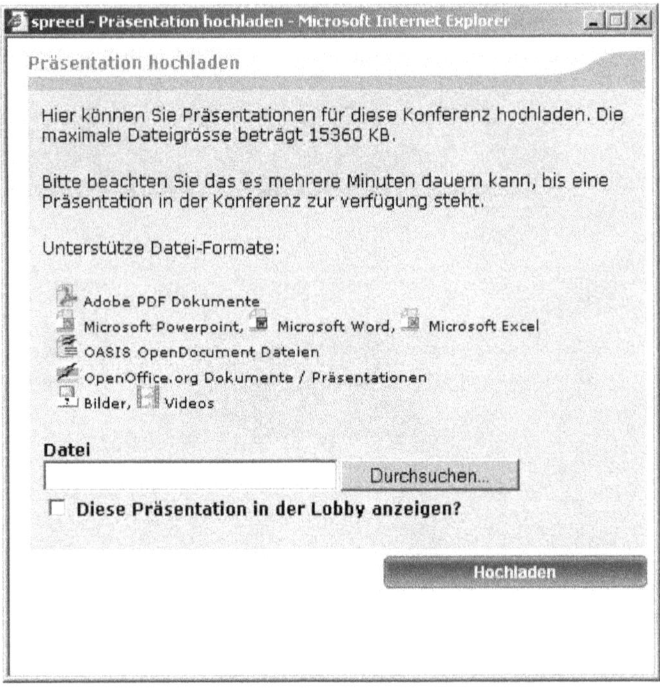

Abb.4.7.2.1 Screenshot: „Sicherheitsabfrage Konferenz starten? “, http://spreed.com/

Über den Zeiger-Button kann der Mauszeiger für die anderen Teilnehmer sichtbar gemacht werden. Der Mauszeiger wird nur dann angezeigt, wenn er innerhalb des Präsentationsbereichs bewegt wird.

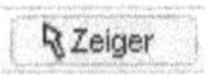

Zeiger

Abb.4.7.2.2 Screenshot: „Zeiger-Button “, http://spreed.com/

Durch Klick auf den Button „Nachrichten“ wird zusätzlich ein Chatfenster geöffnet.

Nachrichten

Abb.4.7.2.3 Screenshot: „Nachrichten-Button “, http://spreed.com/

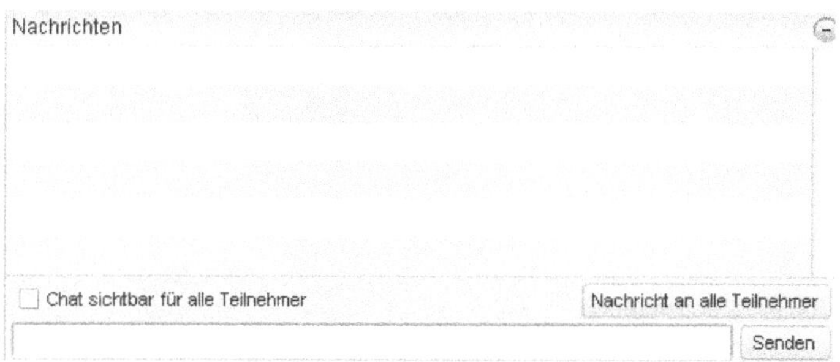

Abb.4.7.2.4 Screenshot: „Nachrichten-Fenster zum Chatten ", http://spreed.com/

4.7.3 Screen-Sharing einrichten und verwenden

Durch Klick auf den Button „Screen-Sharing" erfolgt eine Abfrage, ob der Bildschirm freigegeben werden soll. Durch Klicken auf „Freigeben" bestätigen.

Screen-Sharing

Abb.4.7.3.1 Screenshot: „Screen-Sharing-Button ", http://spreed.com/

Abb.4.7.3.2 Screenshot: „Teilausschnitt Screen-Sharing Freigeben ", http://spreed.com/

Da der Screen-Sharing Client noch nicht vorhanden ist, muss dieser herunter geladen werden. Dazu auf „Download" klicken.

Abb.4.7.3.3 Screenshot: „Teilausschnitt Screensharing-Client herunterladen ", http://spreed.com/

Es öffnet sich eine neue Internetseite mit der Möglichkeit zum Downloaden des Clients.

spreed client herunterladen für Windows-x86

Je nach Betriebssystem benötigen Sie einen anderen spreed client. Spreed denkt das Sie Windows-x86 einsetzen. Wenn dies nicht korrekt ist, oder Sie den spreed client für eine andere Platform herunterladen möchten, klicken Sie bitte hier.

spreed Client für Windows

Weiter Informationen zur Benutzung des Screen-Sharings finden Sie hier.

Abb.4.7.3.4 Screenshot: „Teilausschnitt spreed client herunterladen für Windows-x86 “, http://spreed.com/

Auf den Button „Herunterladen“ klicken. Es öffnet sich noch ein Dateidownloadfenster, hier auf „Speichern“ klicken, um das Programm spreed.exe herunter zu laden. Danach muss dieses durch Doppelklicken aktiviert werden.

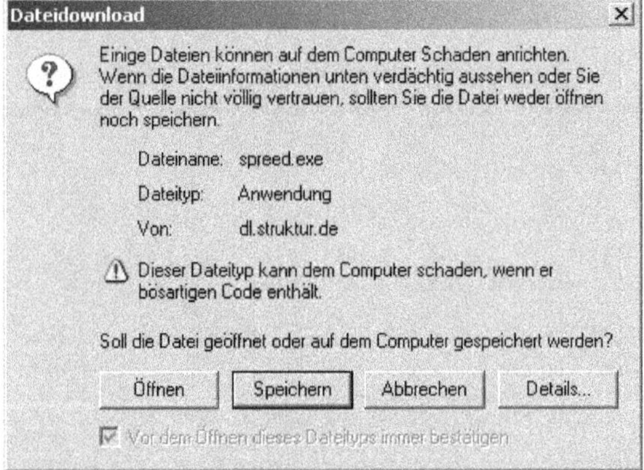

Abb.4.7.3.5 Screenshot: „Dateidownloadfenster “, http://spreed.com/

Nach dem Aktivieren öffnet sich das folgende Hinweisfenster, das mit „OK“ bestätigt wird und es wird das spreed.com Tray-Icon mit schwarzem Hintergrund dargestellt.

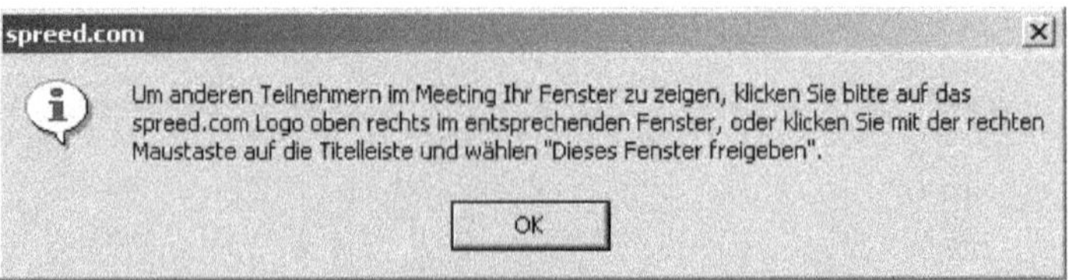

Abb.4.7.3.6 Screenshot: „Hinweisfenster spreed.com “, http://spreed.com/

Danach klickt man mit der rechten Maustaste auf das Programm-Icon des Fensters, das man mit den anderen teilen möchte, z. B. Word und wählt „dieses Fenster freigeben“.

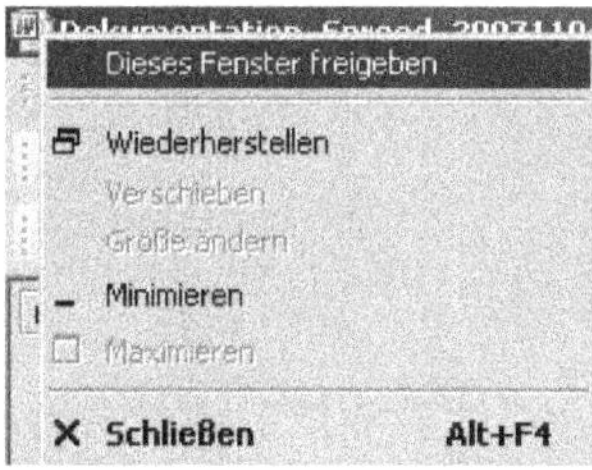

Abb.4.7.3.7 Screenshot: „Dieses Fenster freigeben “, http://spreed.com/

Es erscheint nochmals eine Abfrage, ob man dieses Fenster wirklich freigeben will, und man bestätigt mit „Ja“.

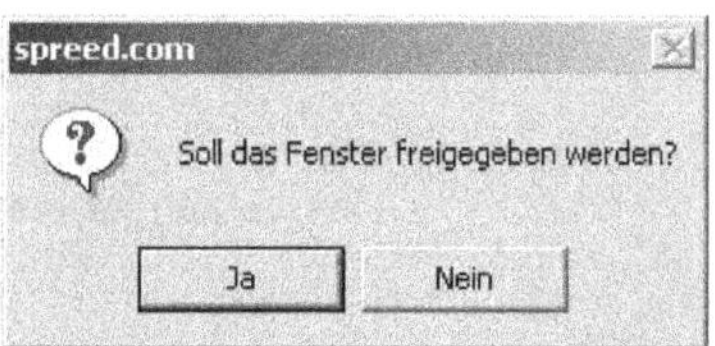

Abb.4.7.3.8 Screenshot: „Soll das Fenster freigegeben werden? “, http://spreed.com/

Das freigegebene Fenster ist nun für alle Teilnehmer sichtbar. Um einen Überblick zu haben, welchen Teil des Fensters die Teilnehmer gerade sehen, kann eine Vorschaufunktion aktiviert werden. Dazu mit der rechten Maustaste auf das Tray-Icon klicken und „Vorschau anzeigen“ wählen.

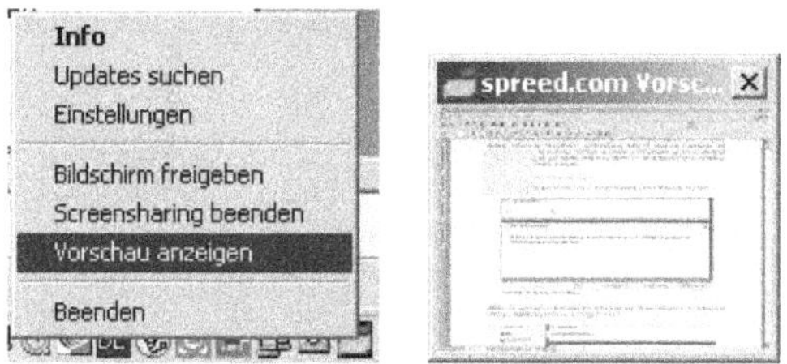

Abb.4.7.3.9 Screenshot: „Tray-Icon – Vorschau anzeigen und Vorschaufenster “, http://spreed.com/

4.7.4 Screen-Sharing der Teilnehmer/innen einrichten

Konferenz-Teilnehmende haben man laut [spreed 2007] verschiedene Möglichkeiten, die Darstellung des übertragenen Bildes zu kontrollieren.

Standardmäßig wird der übertragene Inhalt in die aktuelle Größe des Browserfensters „eingepasst". Durch Deaktivieren der Option „Inhalt einpassen" wird das Fenster in der Originalgröße angezeigt.

Ist die Option „Mausbewegung verfolgen" aktiviert, folgt die Darstellung automatisch der Mausbewegung des Vortragenden. Wenn man sich unabhängig von der Mausbewegung des Vortragenden im freigegebenen Fenster bewegen möchte, wählt man stattdessen die Option „Sichtbaren Bereich" verschieben. Man kann nun über die Scrollbalken und auch über direktes Klicken und Ziehen der Maus den sichtbaren Bereich verschieben.

4.7.5 Screen-Sharing beenden

Will man die Freigabe wieder beenden, muss man im Konferenzfenster auf den Button „Beenden" klicken.

Abb.4.7.5.1 Screenshot: „Teilausschnitt Freigabe beenden ", http://spreed.com/

Eine weitere Möglichkeit ist es, über das Kontext-Menü des freigegeben Fensters die Option „Dieses Fenster freigeben" anzuklicken und die Abfrage mit „Ja" zu bestätigen.

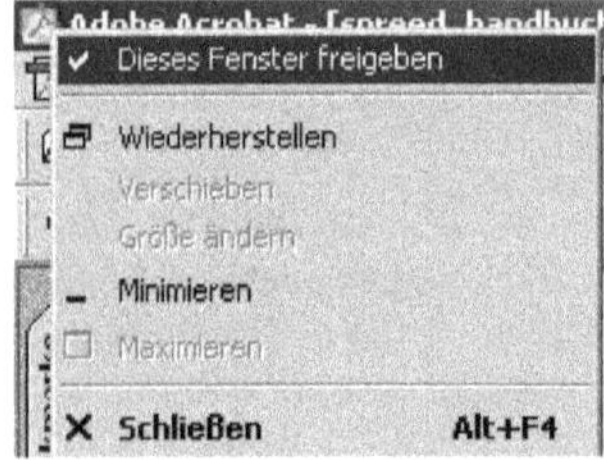

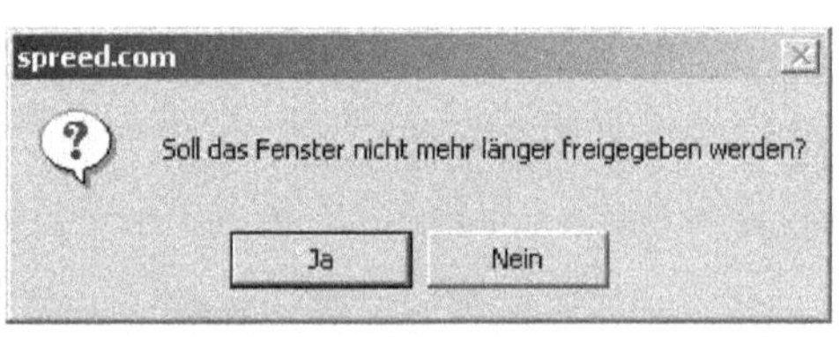

Abb.4.7.5.2 Screenshot: „Teilausschnitt Freigabe beenden – weitere Möglichkeit ", http://spreed.com/

4.8 Beenden einer Webkonferenz

Um eine Konferenz zu beenden, auf den Button „Konferenz anhalten" klicken. Es erscheint eine Sicherheitsabfrage, die mit „Ja" bestätigt wird.

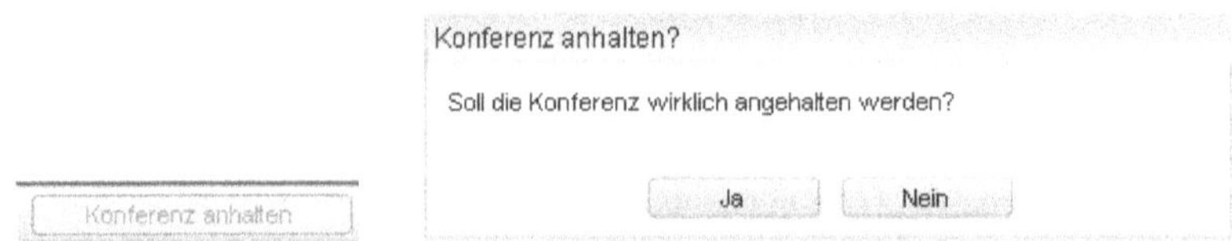

Abb.4.8.1 Screenshot: „Button Konferenz anhalten und Sicherheitsabfrage ", http://spreed.com/

Dann auf den Button „Abmelden" klicken. Abmelden

Es erscheint der folgende Text.

Sie wurden abgemeldet

Danke, dass Sie die spreed Platform verwendet haben. Wir interessieren uns für Ihr Feedback und Anregungen, also schreiben Sie uns bitte an info@spreed.com.

Ihr spreed Team!

Sie können das Fenster jetzt schließen.

Abb.4.8.2 Screenshot: „Teilausschnitt Abmeldetext “, http://spreed.com/

Das Fenster kann nun geschlossen werden.

5 Betreten einer Webkonferenz als Teilnehmer/in

5.1 Betreten mittels Link in der Einladungs-Email

Die eingeladenen Teilnehmenden erhalten im Normalfall eine Einladung per E-Mail. In dieser E-Mail ist bereits der Link enthalten, mit dem sich diese direkt als Konferenzteilnehmer/innen bei spreed.com anmelden können.

Beispiel für eine solche E-Mail:

```
Hallo Manfred Rachbauer,

Tamara Rachbauer hat Sie zu einem spreed Onlinemeeting eingeladen.

         Title: Mathematik
   Beschreibung: Integralrechnung
      Startzeit: 05.11.2007 13:05 GMT+1
Geplante Dauer: 1 Stunde

Ihre Anmeldedaten:
   Meeting-Nr.: 261133243
E-Mail Adresse: fredl@pendular.net
      Passwort: PIN398878

Bitte klicken Sie den nachfolgenden Link an, um die Konferenz zu betreten:

<https://checkin.spreed.com/jc/261133243?p=PIN398878&u=fredl%40pendular.net>
```

Abb.5.1.1 Screenshot: „Teilausschnitt Einladungsemail “, http://spreed.com/

Nach dem Klicken auf den Link wird der Teilnehmende auf die folgende Seite weitergeleitet.

Abb.5.1.2 Screenshot: „Teilausschnitt Konferenz betreten Seite ", http://spreed.com/

Hier auf die Schaltfläche „Konferenz betreten" klicken, um der Konferenz beizutreten.

5.2 Betreten mittels Meeting-Nr.

Eine weitere Möglichkeit, an einer Konferenz teilzunehmen ist es, den gewünschten Teilnehmenden die Meeting-Nr. und das Passwort zu geben. Mit diesen Daten können diese auch von der spreed.com-Startseite aus, einer Konferenz beitreten.

Dazu müssen die Teilnehmenden die Meeting-Nr. in das „Möchten sie einem Meeting beitreten?"-Formular eintragen. Ist die Meeting-Nr. gültig, erweitert sich das Formular. Die Teilnehmer/innen müssen noch die E-Mail Adresse und das Passwort eintragen und auf „Beitreten" klicken.

Abb.5.2.1 Screenshot: „Teilausschnitt Konferenz betreten Seite ", http://spreed.com/

Dann gelangen die Teilnehmenden ebenfalls auf die Seite mit der Schaltfläche „Konferenz beitreten".

5.3 Konferenz hat noch nicht begonnen.

Hat der Konferenzleiter die Konferenz noch nicht gestartet, werden die Teilnehmenden bis zum Starten in die so genannte „Lobby" weitergeleitet.

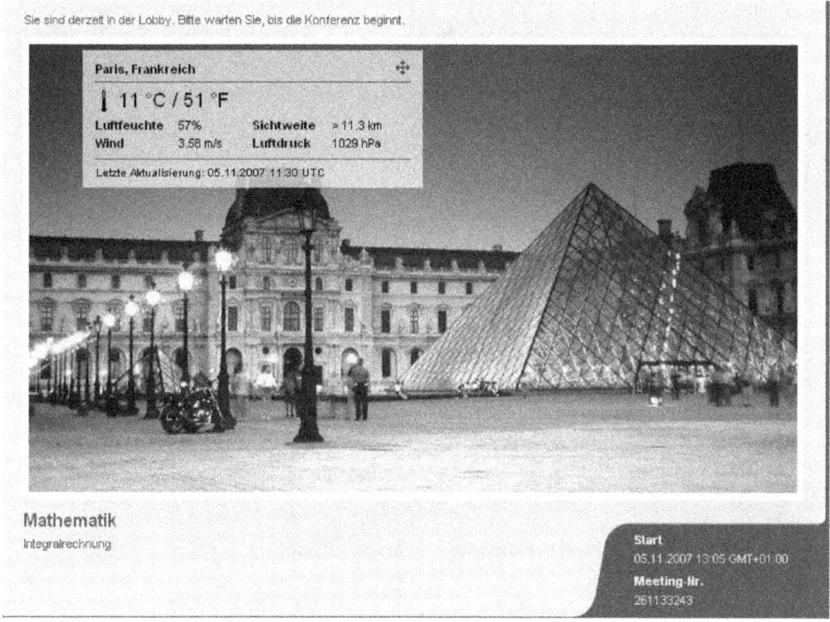

Abb.5.3.1 Screenshot: „Teilausschnitt Lobby ", http://spreed.com/

5.4 Konferenz wurde gestartet

In der Teilnehmerliste befinden sich alle zur Konferenz eingeladenen Teilnehmer/innen. Die in der Lobby wartenden Teilnehmer/innen sind mit Sesseln gekennzeichnet. Diese müssen manuell in die Konferenz geholt werden. Dazu mit der rechten Maustaste auf den entsprechenden Teilnehmer/in klicken und „In Konferenz holen" wählen.

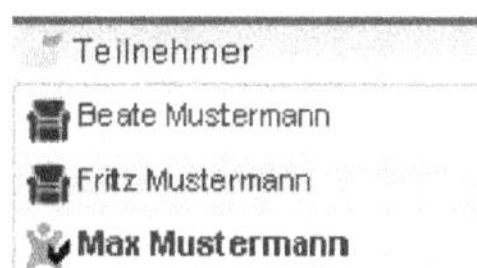

Abb.5.4.1 Screenshot: „Teilausschnitt Teilnehmer Liste ", http://spreed.com/

5.5 Teilnehmerstatus verändern

Die Teilnehmer/innen können über die Teilnehmerliste ihren Online-Status setzen.

Wenn die Teilnehmer/innen während einer laufenden Konferenz nicht aktiv an der Konferenz teilnehmen können, die Konferenz aber nicht verlassen möchten, können sie dies den anderen Teilnehmenden mitteilen, indem sie den Status von „Online“ auf

- „Nicht da“ oder
- „Beschäftigt“ zurücksetzen.

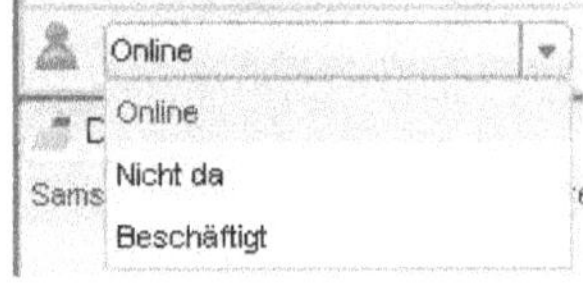

Abb.5.5.1 Screenshot: „Teilausschnitt Teilnehmer Liste zu setzende Zustände “, http://spreed.com/

Je nach ausgewähltem Status ist dem Benutzernamen in der Teilnehmerliste ein anderes Icon vorangestellt.

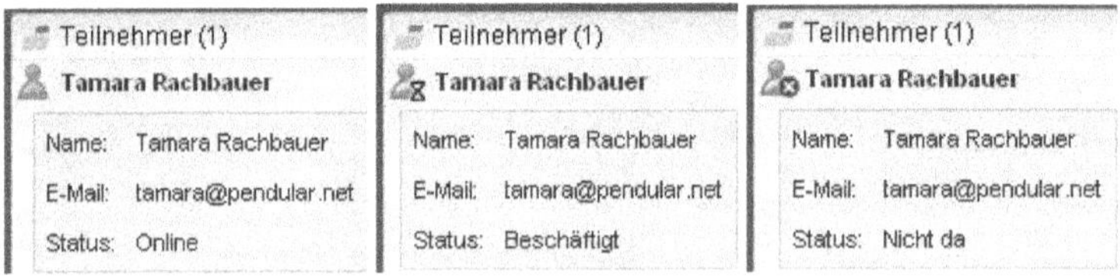

Abb.5.5.2 Screenshot: „Teilausschnitt Teilnehmerliste mit unterschiedlichen Icons “, http://spreed.com/

6 Literaturverzeichnis

[Spreed 2007] Spreed.com. *„Meetings, Konferenzen, Trainings und Support"* WWW-Präsentation, 2007. http://spreed.com//?set_language=de

[Spreed 2007a] Spreed.com. *„präsentieren, beraten, zusammenarbeiten, schulen. Jederzeit, überall – auf Knopfdruck"* Broschüre, 2007. http://spreed.com/help/Info-Material/spreedcomBroschuere_En.pdf/de

[e-teaching 2007] e-teaching.org. *„Spreed Steckbrief"* WWW-Präsentation, 2007. http://www.e-teaching.org/technik/produkte/spreedsteckbrief

7 Abbildungsverzeichnis

MD H
MEDIADESIGN HOCHSCHULE FÜR DESIGN UND INFORMATIK
UNIVERSITY OF APPLIED SCIENCES

MD H
MEDIADESIGN HOCHSCHULE FÜR DESIGN UND INFORMATIK
UNIVERSITY OF APPLIED SCIENCES